이기는
사람들의
제안

이기는
사람들의
제안

이동원 지음

생각비행

이기는 제안에는 이유가 있다

돌이켜보면 IT 분야에서 보낸 20년간의 직장 생활은 제안의 연속이었다. IMF 시절 사회에 첫발을 내디디면서부터 홈페이지를 만들기 위해 제안을 했다. 고객을 만나 시안을 제안하고 견적을 제안하고 기획안과 스토리보드를 만들어 제안했다. 인터넷은 어렴풋이 알아도 도메인이 뭔지는 모르던 시절, 회사 홈페이지를 제작하는 것은 뜨거운 이슈였다. 홈페이지가 없던 회사는 자사 홈페이지와 도메인이 생기는 것만으로도 흥분했고, 나의 제안에 사장님은 눈이 휘둥그레지곤 했다. 영업맨이 아니었어도 나는 고객을 만나고 제안에 참여하고 프레젠테이션을 했다.

미래학자 다니엘 핑크는 《파는 것이 인간이다》에서 인간은 모두가 세일즈맨이라고 주장한다. 직장에서 성장하려면 영업 마인드를 가져야 하는데, 영업 마인드는 고객의 가치를 실현하고 그에 상응하는 대가를 받는 것이다. 고객 가치를 이해하고 이기는 전략과 차별화를 추구하는 노련한 리더가 되어야 한다. 생존을 위한 무한 경쟁 시대에서 리더의 자질 중 하나는 '제안 능력'이다.

제안 승률은 수익과 직결된다. 또 영업은 수익에 따라 인센티브를 받는다. 많이 수주할수록 돈을 더 받고, 실주가 많으면 기본급만 가져간다. 그러니 수익을 높이기 위해 수단과 방법을 가리지 않는다. 프로젝트를 수주하여 돈을 벌어야 팀이 운영된다. 그러다 보니 대형 프로젝트는 전문 발표자를 붙이거나 외부의 제안 전문가와 함께 진행하기도 한다. 어떻게든 이겨야 수익을 창출할 수 있기 때문이다. 또 새로운 시장에 진입하거나 차후의 대형 프로젝트를 노려서 당장 수익이 나지 않더라도 우선 제안에 참여하기도 한다. 그런데 이겨야 경험과 노하우가 배가된다. 그저 참여하는 것만으로는 부족하다. 제안 경쟁에서는 1등이 아니라면 아무 의미가 없다.

0.1점에 웃고 우는 사람들

작은 점수로 승패가 갈리는 것을 자주 보았다. 어느 건설사는 단 0.1점 차이로 757억 원짜리 사업을 수주하는 데 실패했다. 고작 0.07점 차이로 32억 원 사업을 실주하는 경우도 생생하게 목격했다. 이 정도 점수 차이로는 누가 더 잘했는지 판단하기 어렵다. 모두 최선의 경쟁을 한 것이다. '그때 조금 더 노력했다면!', '그때 그렇게 답변했어야 했는데!', '조금만 더 가격을 내릴걸!' 하는 아쉬움이 남을 때가 많다.

입찰 경쟁은 그야말로 피 말리는 전쟁이다. 제안서 제출 당일까지 꼬박 밤을 새워가며 제안서를 많이 썼다고 경쟁에서 이기는 것은 아니다. 가망성이 없는 사업에 영업대표의 말만 믿고 밤을 새웠던 기억이 아직도 생생하다. 오랜 엔지니어 생활을 끝내고 영업을 처음 하는 영업대표와 제안 준비를 함께 했다. 경쟁이 치열한 시스템 구축과 데이터 센터 이전 사업 분야에서 수주를 목표로 열심히 준비했다. 그런데 진행하면 할수록 성과가 안 나오고 실주만 많았다. 우리가 유리한 상황임에도 수주에 실패했다. 분석해보니 우리가 유리한 게 아니었다. 단지 우리가 몰랐을 뿐이었다. 시간이 갈수록 체면이 서지 않고 불안해졌으며 야근과 주말 근무에 몸과 마음이 지쳐만 갔다.

그래서 다시 시작한다는 마음으로 성공 사례와 성공하는 사람들의 제안 전략을 집중 분석했다. 주말에는 도서관에 처박혀 다양한 책을 탐독했다. 좋은 정보와 이기기 위한 전략을 영업대표에게 전달하고 그 방향으로 실행하도록 부추겼다. 제안을 준비할 때마다 고객을 찾아다니고 요구 사항을 이해하려고 노력했다. 성공한 사람들의 다양한 제안서와 프레젠테이션 관련 서적을 보면서 나만의 이기는 전략을 찾았다. 업종의 특성을 고려하여 조금이라도 더 점수를 받을 수 있는 팁을 연구했다. 이런 노력의 결과로 조금씩 이기는 경험을 하며 승률을 높여갔다. 대기업과 선두 기업을 제치고 수주하기도 했다. 회사에서는 다윗이 골리앗을 이겼듯이 좋은 사례로 화제가 되었다. 승리는 언제나 짜릿한 기쁨을 안겨준다. 영업대표는 1년 만에 승률 높은 전문 영업대표가 되었다.

PM은 전략가이다

지방에서 프로젝트를 진행하던 중 영업대표로부터 전화가 왔다. 이번 연휴에 본사로 와서 제안서 작성을 도와달라는 요청이었다. 새로 뽑은 PM이 제안 경험이 없어 문제가 많다는 이유였다. 왜 제대로 검증을 못 했냐고 물으니, 제출한 이력이 화려하고 프로젝트 수행 경험이 많아서 당연히 제안서도 잘 쓸 줄 알았다고 한다. 하는 수 없이 주말에 나가 보니 제안을 준비하는 사무실은 전쟁터처럼 어지러웠고 여러 밤을 지새운 흔적이 보였다. 담당 제안 PM은 초췌한 모습으로 여러 사정을 설명해주었다. 문제는 역시 경험이었다. 프로젝트 수행과 제안은 다른 문제이다. 핵심 요약 정리, 이슈 정의와 전략 수립, 기획 방향 등 여러 부분에서 의사소통에 어려움이 있었다. 결국 나는 제안과 프로젝트를 맡게 되었다.

나는 경험이 많은 전문 PM은 제안 능력도 겸비하고 있다고 믿는다. 프로젝트 관리 책임자인 PM은 프로젝트를 수행하는 전문가이다. 그러나 사업을 시작하려면 우선 제안 경쟁에서 이겨야 한다. 고객을 만나 사업을 분석하고 이슈를 살펴보고 최적의 해결 방안과 전략을 수립해야 한다. 제안서를 작성하고 이기기 위한 제안을 발표해야 한다. 제안요청서에는 PM이 직접 발표하도록 지시하고 있는데, 사업을 책임지고 수행할 수 있는지 PM의 역량을 보기 위해서이다. 그래서 현장에서는 PM이 자신이 수행할 사업을 선별하여 영업지원도 병행한다. PM은 프로젝트 수행보다는 프로젝트 수주에 더 많은 노력을 기울인다.

나는 경쟁을 통해 전략 노하우를 획득했다. 변화하는 경쟁 환경에서 어떻게 하면 이길 수 있을지 끊임없이 고민해왔다. 이제 나의 경험과 노하우를 이기기 위해 지금도 고민하고 있을 동료와 후배들에게 공유하고자 한다. 내가 실전에서 활용한 제안 전략을 현장감 있고 알기 쉽게 이 책을 썼다. 제안을 준비하는 누구나 이 책을 읽으면 전략적 사고를 할 수 있도록 피부에 와닿는 내용만을 담았다. 이 책 한 권으로 제안에 관한 모든 것을 다 이야기할 수는 없지만, 분명 승률을 두 배로 높이는 데 일조할 것이라고 확신한다.

1장에서는 제안의 중요성을 강조한다. 무엇이 중요하고 제안을 어떻게 바라봐야 하는지 설명하고, 어떻게 하면 성공적인 전략을 수립할 수 있는지 이야기한다. 2장에서는 제안서 외부에 이기는 전략이 있음을 이야기한다. 제안서를 쓰기에 앞서 제안 참여를 결정하는 일은 매우 중요하다. 안 되는 것은 미련 없이 과감하게 포기해야 한다. 그럼에도 참여해야 하는 경우를 대비해 평가자를 효과적으로 설득하는 방법을 소개한다. 3장에서는 제안 전략 수립 방향을 제시한다. 전략을 어떻게 정의하고 수립해야 하는지 소개한다. 4장에서는 제안서보다 중요한 발표 슬라이드를 어떻게 구성해야 하는지 설명한다. 5장에서는 발표를 어떻게 준비하고 실전에서 어떻게 해야 하는지 설명한다. 발표는 준비 과정이 더 중요하다. 다양한 발표 준비 방법, 발표에 임하는 자세, 질의응답 준비 사항 등에 대해 이야기한다. 마지막으로 6장에서는 효과적으로 제안서를 작성하기 위한 지침을 소개한다.

이기는 제안에는 이유가 있다. 그리고 그 이유는 다양한 데 있다. 하지만 결국 승리의 비결은 고객을 알고 나를 알고 경쟁사를 아는 데 있다. 알면 쉽다. 그런데 알면서 못하는 것이 많다. 아무쪼록 이 책을 통해 많은 중소기업 PM들이 야근을 줄이고 스트레스도 덜 받으면서 슬기로운 제안으로 성숙한 진검승부를 벌일 수 있길 바란다.

끝으로 이 책이 나오기까지 늘 옆에서 응원해준 아내와 아들에게 감사를 표한다. 그리고 제안서를 쓰느라 동고동락한 영업대표와 모든 동료들에게 감사의 마음을 전한다.

2018년 햇살 가득한 날
이동원

💬 차례

PART 6   초보자를 위한 이기는 제안서 작성   201

이기는
제안에는
이유가
있다

왜 졌는지 알 수 없을 때가 많다. 제안 결과에서 3등도 아닌 2등일 때면 왜 졌는지 궁금하고 답답하다. 1등을 한 경쟁사의 전략을 듣고는 그제야 왜 졌는지 이해한다. 노력만으로는 안 될 때가 많다. 항상 촉박한 일정에 급조된 전략으로 안 될 것을 알면서도 제안한다. 경쟁에서 이길 수 없는 제안을 시작 전에 과감히 제외하지 못한 것도 후회된다. "분명 이번 제안은 이긴다"라고 말하지만 뒤집어 보면 될 이유가 없는 제안도 많다. 이기는 이유를 모르면 운에 맡긴다. 이렇게 노력은 낭비된다. 계속해서 제안에 실패하면 심리적으로도 위축된다.

만년 2등만 할 수는 없다. 1등이 아니면 모두 2등이다. 오로지

1등만 수익을 가져갈 수 있다. 그렇게 또 노력은 0.1점 차로 낭비된다. 10점 차이로 지나 0.1점 차이로 지나 지는 것은 마찬가지다. 반면 이길 때는 0.1점도 10점 이상의 가치를 발휘한다. 승률이 어느 정도 받쳐줘야 팀이 유지될 수 있다.

오랜 엔지니어 생활을 접고 처음 영업을 시작하는 영업대표와 함께 제안을 준비했다. 단기간에 많은 제안에 참여했지만 승률이 30퍼센트도 되지 않았다. 이러면 제안을 할수록 불리하다. 승률이 떨어지면 사기도 떨어진다. 또 제안 비용도 많이 나가 손해를 보는 구조가 된다. 제안 비용은 인건비와 자재비, 활동비 등인데, 가장 큰 비용이 인건비다. 팀원이 총 여섯 명이라면 한 달만 지나도 어마어마한 돈이 지출된다. 나중에 수주하면 다 보상받을 수 있다고 생각하지만, 실주가 늘어날수록 팀이 해체될 위기는 증가한다. 고생 끝에 낙이 온다고, 그 후 2년 만에 승률을 85퍼센트 이상으로 끌어올렸다. 승률이 높을수록 이기는 이유는 명확해진다. 이길 만한 이유가 있기 때문이다.

조달청의 국가종합전자조달 시스템인 '나라장터'에는 34만 개의 중견·중소 기업이 등록되어 있다. 나라장터는 한 해 30만 건이 넘는 공공 조달을 진행한다. 다양한 조달 사업을 두고 다수의 업체가 경쟁한다. 공공 조달은 점차 수의계약이 줄어들고 공공 입찰을 통한 발주가 증가하고 있다. 경쟁에서 이겨야 프로젝트를 진행할 수 있고 고생을 보상받는다.

이기는 제안은 방법을 알면 단순하다. 고객을 알고 자사의 역량을 활용하여 경쟁사보다 우수한 솔루션을 제안하면 된다. 매우 단순한 방법이지만 그 속에는 많은 전략이 숨어 있다. 전략이 있으면 다윗이 골리앗을 이기듯 중소기업이 대기업을 이길 수 있다. 규모가 크다고 다 이기는 건 아니다. 단지 유리할 뿐이다. 그러나 전략은 유리한 조건을 거꾸로 불리한 조건으로 만들 수도 있다. 이기는 데는 다양한 이유가 있기 때문이다.

01 　0.1점이라도 이기면 100점이다

제안 결과가 발표되고 회사 분위기는 매우 우호적이다.

"이번 사업 수주했다면서요? 축하드립니다."

탕비실을 지날 때 후배의 축하 인사를 받았다. 이 한마디가 사업을 수주했을 때 최고의 보상이다. 직장 상사뿐 아니라 동료와 후배로부터 받는 축하 인사는 매우 즐겁고 반갑다. 누군가에게 축하받고 부러움과 존경의 대상이 된다는 것은 영광스러운 일이다. 특히 선두 업체나 대기업을 상대로 한 어려운 경쟁에서 이겼을 때는 보람이 더 크다. 함께 고생한 팀원들과 즐겁게 회식을 할 수 있어 하루가 더욱 즐겁다.

반대로 수주를 못 하면 주변 사람들을 피해 다닌다. 후배는 어색해하며 묵묵히 지나간다. 다른 프로젝트를 준비하고, 쉴 때는 좌불안석이다. 모두 내 잘못인 듯 미안하고 '왜 실주했을까?' 하는 의문만 가득하다. 고생 끝에 낙이 와야 하는데, 제안에 투입된 팀원 모두에게 미안한 마음이 앞선다. 수주라는 목표 하나만 보고 밤새워 달렸건만, 어떤 사업이든 실주는 많은 아쉬움을 남긴다.

경쟁에서는 1등만 살아남는다

경쟁은 사람 피를 말린다. 돈 벌기가 어디 쉬운가? 경쟁에서 이기는 것은 '이기기 위한 전략을 수립했느냐'에 달렸다. 단순해 보여도 그 이면에는 많은 준비와 노력이 필요하다. 우연히 이기는 것은 없다. 누가 더 고객을 잘 분석하고 우수한 전략으로 설득하느냐에 달려 있다. 분석과 문제 정의, 그리고 회사의 역량을 통해 다양한 해결 방안이 수립된다. 딱히 하나만 잘해서는 결과를 보장할 수 없다. 평가 점수는 고르게 배정되어 있다. 고객 가치를 실현하고 차별화된 정보로 설득해야 좋은 점수를 받을 수 있다. 분석을 통해 문제를 정의하고 해결 방안을 제안하면서 회사의 역량으로 사업을 성공적으로 수행할 수 있음을 설득해내야 한다.

프로젝트마다 요구 사항과 범위가 다르다. 전략도 달라진다. 제안 콘셉트를 정하면 전략이 쉽게 수립된다. 경쟁사보다 우수한 것을 강조할 때 사업은 쉽게 풀린다. 공공 조달 입찰 경쟁은 동종업계의 비슷한 업체들이 모여 경쟁한다. 그래서 한시도 긴장을 늦출 수 없다. 그들도 문제 해결 방안을 강조하고 자사의 솔루션을 강조한다. 우리의 전략 무기를 앞세워 강조할 것은 강조하고 약점은 보완한다. 관점을 전환해 경쟁사의 강점을 무의미한 것으로 만들고, 약점은 우리의 강점으로 활용한다. 이쯤 되면 보이지 않는 전쟁이다. 결국 좋은 전략을 수립한 업체가 미소짓는다. 승리는 항상 경쟁 업체의 동향을 파악하고 최고와 최적의 솔루션을 제공하는 업체에 돌아간다.

요구 사항을 해결하고 과업을 수행하기 위한 '솔루션'은 프로젝트를 수행하기 위한 모든 활동을 이야기한다. 납품 장비와 개발 인력, 방법론, 계획 및 실행, 사업 관리, 수행 전략, 외부 지원 등을 목표를 달성하기 위한 솔루션이라고 한다. 요구 사항을 해결하기 위한 최적의 솔루션을 제안해야 한다. '수주를 했느냐 못 했느냐'는 곧 '1등을 했느냐 못 했느냐'이다. 2등, 3등은 의미가 없다. 수주하는 업체는 하나다. 이겨야 의미가 있다. 이겨야 사업을 수행할 수 있다.

0.1점의 가치

공공 입찰은 날이 갈수록 공정한 경쟁을 하도록 발전해가고 있다. 편법은 용납되지 않는다. 제약 사항 안에서 최적의 전략을 수립하는 정공법만이 답이다. 경쟁에는 1등이 있다. 노련하고 준비를 많이 한 기업만이 1등을 차지한다. 공공 입찰은 가격 점수 10점과 기술 평가 점수 90점을 합산하여 1위 업체를 선정한다. 가격 점수는 상대평가로, 낮은 금액을 제출한 업체가 유리한 점수를 받는다. 기술 평가는 어떻게 제안하였느냐를 보고 평가자가 평가하여 점수를 주는 방식이다.

한때 '국가균형발전 특별법'에 따라 서울과 수도권에 밀집되어 있던 공공기관이 지방으로 이전하는 일이 많았다. 그중 자체 보유한 데이터센터와 같은 대형 전산실도 함께 옮기는 사업이 많았는데, 전산 장비를 옮기는 데는 종합적인 기술이 필요하다. 하드웨어인 전산 장비 인프라를 옮기는 것과 운영 중인 시스템의 데이터를 1바이트도 손실 없이 안전하게 옮기는 것이 핵심이다.

원주 혁신도시로 데이터센터를 이전하는 32억짜리 사업은 0.07점 차이로 결과가 엇갈렸다. A사는 95.4892점, B사는 95.4163점으로 동점에 가까운 매우 근소한 차이였다. 가격 점수는 동일했으니 결국 제안서와 제안 발표에서 결과가 갈린 것이다.

구분	A사	B사	차이
입찰 가격 점수	10	10	0
기술 평가 점수	85.4892	85.4163	0.0729
종합평점	95.4892	95.4163	0.0729

특이한 점은 가격 점수가 동일했다는 점인데, 원래 가격 점수는

상대평가이므로 조금이라도 차이가 생기기 마련이다. 그러나 가격 점수는 두 업체 모두 10점을 받았다. 기술적 난이도가 높고 리스크가 큰 사업이라 몇억을 손해 볼 수도 있기에 제안에 참여한 업체들이 입찰가를 상한가로 제출한 것이다. 상한가로 같은 금액을 제안했기에 상대평가인 가격 점수는 동일한 점수를 받을 수밖에 없었다.

리스크가 큰데도 사업에 참여하는 이유는 이번 사업을 통해 추후 발주하는 굵직한 사업에서 유리한 입지를 선점할 수 있기 때문이다. 당장은 손해를 보겠지만 프로젝트를 수행하면서 협의를 통해 비용을 최소화하고, 수익이 나도록 조정할 수도 있다. 설령 손해를 보더라도 고객에게 신뢰감을 줄 수 있다. 그러면 향후 발주하는 사업에서 유리한 입지를 다질 수 있다. 실제로 1위로 선정된 업체는 이후 굵직한 사업을 독식하듯 수주했고, 기존의 여러 사업자는 다음 연도에 해당 사업을 그 업체에 빼앗겼다. 향후 발주할 사업을 사전에 준비해서 탄탄한 입지를 구축해두었기에 유리한 위치에서 경쟁을 시작할 수 있었던 것이다. 만약 향후 예상되는 사업 발주가 없었다면 사업 참여 결정을 내리기 어려웠을 것이다.

비즈니스 세계에서 이긴다는 것은 단순히 한 번의 경쟁에서 이기는 것으로 끝나지 않는다. 향후 진행될 사업까지 생각하면 사소한 점수인 0.1점도 엄청나게 큰 가치를 지닌다. 아주 근소한 차이로 사업 성패가 결정되는 경우가 많다. 이렇게 근소한 차이로 성패가 갈리면 어디서 차이가 났는지 짐작조차 하기 어렵다. 단지 준비를 좀 더 잘할 걸 후회하게 될 뿐이다. 전략, 추가 제안, 질의응답 등 모든 것이 아쉬워진다. 선의의 경쟁을 펼친 입찰 참여 업체 모두 박수받을 만하다. 그러나 경쟁에서는 1등만 살아남는다. 2등은 아무런 의미가 없다.

Check

- 0.1점을 무시하지 마라. 0.1점으로 승부가 좌우되는 일은 생각보다 흔하다.

02 요구 사항보다 니즈를 먼저 파악하라

고객과 경쟁자의 상황에 맞는 전략을 수립한다. 다양한 프로젝트와 다양한 경쟁자가 있기에 동일한 전략을 사용하지 않는다. 반복된 전략은 경쟁사에 노출되고 그들은 그 전략을 보완할 것이기 때문이다. 《손자병법》을 쓴 손자는 "한번 이긴 전술을 다시 쓰지 말아야 하며, 하나의 고정된 전술로는 늘 승리할 수 없다"라고 했다. 사업마다 다양한 전략과 전술을 연구하여 최적을 전략을 수립한다.

제안을 준비하려면 제안요청서RFP와 고객 정보를 분석해야 하는데, 이런 분석을 통해 예상치 못한 문제점들을 발견할 수 있다. 고객이 이미 알고 있는 문제일 수도 있고 미처 생각하지 못했던 문제일 수도 있다. 확인된 문제는 고객을 만나 함께 해결 방안을 검토한다. 고객과의 미팅 없이 전화로 짧은 질문만 해서는 힘들다. 아무리 전문 집단이라도 고객과 주변의 이해관계를 면밀히 파악해야 한다. 그런 노력을 게을리하면 사전 준비가 미흡해진다. 고객의 요구 사항을 잘 파악해야 더 세분화되고 현장감 있는 분석을 할 수 있다.

고객의 고민을 먼저 파악하라

제안 단계에서는 협의를 통해 사업 범위와 일정을 일부 조정할 수 있다. 예를 들어 구축일과 납품일을 맞추기 위해 해외에서 서버를 가져오는 경우 3주 정도의 배송 기간이 필요하다. 그러나 사업은 계약 후 바로 진행해야 한다. 제품 없이 프로젝트를 진행할 수는 없는 노릇이다. 사업이 시작된 뒤에 범위와 일정을 조정하려면 행정 처리가 많이 필요하고 프로젝트에 혼란을 줄 수 있다. 구체적인 사안은 사업 후반에 발견되는 경우가 많은데, 원래 프로젝트는 수행하면서 점진적으로 구체화되기 때문이다. 제안 단계와 사업이 완료되는 단계에서 확연한 차이를 보일 수밖에 없다.

사업 범위를 확정하고 계약을 하면 이제는 사업관리자PM가 책임을 지고 수행하게 된다. 일단 계약을 하면 사업 범위, 예산, 기간이 확정되므로 계약 전에 문제점을 파악하고 수행에 문제가 없도록 조치해야 한다. 그래서 제안 단계에서 철저히 분석하여 해결할 수 있는 문제를 먼저 찾아 제안하는 것은 매우 중요하다.

예산을 변경할 수 없는 상황에서 문제가 생기고 추가 비용이 발생하면 고스란히 수익에서 비용이 나가게 된다. 물론 예상치 않은 소소한 문제를 해결하기 위해 예비비를 별도로 책정하긴 하지만 큰 문제가 발생해 추가 비용이 많이 발생한다면 여간 골치 아픈 일이 아니다. 사업 수행 중 사업 변경 승인을 얻거나 추가 비용을 고객에게 요청하는 복잡한 문제가 생긴다.

그래서 문제는 제안 단계에서 해결하는 것이 가장 좋다. 사전에 문제를 예방하고 비용을 아낄 수 있기 때문이다. 찾아낸 문제점에 대해 우리만의 문제 해결 방안을 제시하여 경쟁사보다 나은 제안을 하는 데 중요한 전략으로 활용한다. 경쟁에서 이기려면 고객의 고민을 이해하는 데서부터 시작해야 한다.

한때 수원에 있던 공공기관이 지방으로 이전하게 되었다. 여러 곳에 분산되어 있던 연구동의 전산 장비도 같이 이전하고, 그 건물을 재활용하기 위한 네트워크 공사가 추가되는 사업이었다. 핵심은 주요 전산 장비를 장애 없이, 실시간으로 발생하는 데이터를 1바이트의 손실도 없이 관리할 수 있는가였다.

요구 사항을 이해하기 위해 발주 담당자와 현장 실사를 했다. 본부 건물과 1킬로미터 떨어져 있는 연구동 건물을 방문하여 사업 범위를 분석했다. 현장 실사 중 고객이 네트워크 장애를 문의해 현장에서 원인을 찾아 바로 수정해주었다. 민감한 장비였지만 원인을 찾아보니 단순한 문제라서 즉각 조치했다. 유지보수 업체도 미루던 장애를 우리가 현장에서 수정해주니 고객은 그 자리에서 우리를 신뢰하기 시작했다. 이후 현장 실사는 작업 지시 형태의 대화로 이어졌다. 즉, "당신들이 할 것 같으니 수주하면 이렇게 해주시고, 추가로 이것도 보완해주세요" 하는 식으로 대화가 진행되었다.

그 후 다른 경쟁 업체들은 현장 실사가 불필요해졌고, 경쟁 업체가 문의해도 담당자가 현장 실사 없이 구두로만 안내했다고 한다. 해당 분야 업계 1위였던 경쟁 업체는 자신들의 경쟁력과 수행 경험만 자랑하고 돌아갔다고 한다. 결과가 어땠겠는가? 당연히 현장 방문과 고객의 추가 요구 사항을 통해 고객을 더 많이 이해하고 있는 우리 업체가 수주했다. 제안서를 비교해보니 구체적인 정보에서 차이가 크게 났다고 한다. 구체적인 정보는 고객의 니즈를 구체적으로 이해하고 있는가의 척도이다.

고객을 먼저 알고 해결 방안을 제안했기에 고객은 우리의 제안에 의존하게 되었다. 고객의 고민을 먼저 확인하고 적극적으로 함께 고민했기에 경쟁사에는 정보를 줄 필요성을 못 느꼈던 것이다. 경쟁사는 결국 일반적인 정보로 제안에 참여했고, 정보의 가치와 품질에서 차이가 나게 되어 우리 업체는 경쟁 우위를 가질 수 있었다. 결국 정보를 누가 더 많이, 구체적으로 확보하느냐가 관건이다. 즉, 고객을 얼마큼 이해하느냐에 따라 유리한 위치에서 시작할 수 있다.

위험을 예방하는 가치 제안

국방부 산하 기관에서 특수 목적의 독립적 네트워크를 구축하는 사업이 있었다. 외부로 나가는 네트워크가 아닌 오로지 내부에서만 사용하는 통신망이다. 외부와 연결되지 않으니 해킹과 각종 바이러스를 물리적으로 차단할 수 있다는 장점이 있고, 그로 인해 보안 장비도 대폭 줄일 수 있어 비용을 절감할 수 있는 방안이었다.

그런데 우리는 추가로 보안 솔루션을 제안했다. 물리적으로 차단된 네트워크는 안전하지만, 사용자 PC의 USB 메모리에 의한 사고가 자주 발생하기 때문에 사용자 PC에 설치하는 USB 보안 솔루션을 제안한 것이다. 네트워크 보안은 강화되었지만 사용자 PC에 대한 보안은 취약하다. 독립적인 네트워크라도 사용하는 데이터는 어떻게든지 다른 PC에 옮겨진다. 데이터와 문서에 대한 보안을 유지하고 사용자의 부주의를 방지하기 위한 제안이었다. 독립적인 네트워크라 하더라도 바이러스를 안심할 수 없다.

지난 2014년 국가 기간 시설을 관리하는 특정 기관의 보안 사고가 대표적인 사례다. 바닥에 떨어져 있는 USB 메모리를 우연히 주워 그 내용물이 궁금하여 기간망 시스템 PC에 연결한 것이다. 알고 보니 그 USB 메모리는 해커들이 고의로 뿌려둔 것으로, 곧바로 시스템이 바이러스에 감염되어 대형 사고로 이어졌다. 이렇게 해킹과 바이러스는 지능화되고 있기에 사용자 PC용 보안 솔루션은 꼭 필요하다. 이는 고객이 예상하지 못한 문제를 사전에 차단한 것으로 고객의 요구 사항을 철저히 반영한 제안이며 고객 가치를 극대화한 제안이다. 완벽한 보안을 위해 외부의 이슈를 참고하여 추가 제안을 하고 그 사유를 소개한다면 평가자로부터 박수가 나오지 않을 수 없다.

이처럼 시스템 구축의 경우 사업의 안정성을 위해 꼭 필요한 추가 제안을 한다. 단순히 비싼 제품을 추가로 제공하겠다고 주장하는 것이 아니다. 사업을 완수하고 안정적인 시스템을 구축하는 데 시너지 효과를 낼 수 있는 추가 제품이나 솔루션이어야 한다. 이는 사업의 특징과 요구 사항, 위험 요소를 파악하여 최적의 제품을 제안하는 것으로, 업체의 분석력과 문제 해결 능력을 엿볼 수 있는 대목이다.

고객의 니즈는 다양하고 그것을 충족하는 과정과 방법도 다양하다. 우선 고객이 원하는 것이 무엇인지 고민하는 데서 시작해 문제를 찾고 해결 방안을 제시해야 한다.

 Check

- 고객의 니즈를 구체적으로 이해하고 기술하라.
- 고객의 문제를 먼저 발견하라.

03 고객의 니즈를 차별화하라

경쟁에서 이기는 전략은 다양하다. 전체 요구 사항을 만족시키지 못해도 대표적인 이슈가 승부를 가르는 경우도 많다. 경쟁에서는 경쟁 우위를 찾아 차별화하는 제안이 중요하다. 단순 비교 평가가 쉽기 때문이다. 비교되지 않으면 선택이 어렵다. 차별화를 위해서는 고객이 무엇을 원하는지 파악해야 한다. 고객의 니즈 없이 솔루션만 강조하는 제안서는 설명서에 지나지 않는다. 이번에는 솔루션의 차별화 전략으로 사업을 수주한 사례를 소개하려 한다.

독보적 차이를 강조한 제안

해당 사업은 전국으로 연결된 네트워크에 통신 장비를 납품하고 설치하는 사업으로, 많은 네트워크 장비가 필요한 사업이었다. 기술적 역량보다 납품되는 제품의 특장점이 중요한 사업이었다. 그리고 제안요청서는 국내에서 제조한 제품을 납품하도록 요구하고 있었다. 여러 쪽에 걸친 요구 사항 중에서 겨우 한 줄짜리 내용이라 중요도가 떨어지고 별 볼 일 없어 보이지만, 이는 제품 선정에 매우 중요한 기준이 되었다.

많은 요구 사항 중에서 비중이 없어 보여도 관련 제품을 조사하고 최적의 솔루션을 찾아야 한다. 문제는 국산 제품의 인정 범위가 넓다는 점이다. 중국이나 대만에서 제조한 OEM 제품도 국내에서 재가공하면 국산 제품으로 인정받는다. 특정 규정에 따라 국내 기술이 도입된 제품도 국산 제품으로 인정받는다. 그래서 가격 경쟁이 치열하고 마진이 낮은 사업이다. 이럴 때는 어느 제품이 진정한 국산 제품인지를 놓고 차별화를 주장한다. 모두 국산 제품으로 인정받는다 하더라도 국내에서 부품과 제품을 만드는 회사의 제품이 진정한 '국산 제품'이어야 한다.

대부분 국내에서 제조한 부품으로 제품을 개발하는 업체의 제품과 해외에서 제품을 통째로 가져와서 소프트웨어와 일부 부품만 교체한 제품 중 어떤 제품이 국내 제품에 가깝다고 할 수 있을까? 진정한 국산 제품의 의미와 가치를 주장함으로써 강한 무기를 만들어야 한다. 부품까지 100퍼센트 국내에서 제작하는 제품은 거의 없지만, 국내에서 부품을 제공받아 제작하는 업체가 있고 누가 봐도 국산 기술과 제품임을 알 수 있는 제품이 있다. 서로 비슷해 보여도 우리가 선택한 제품에는 큰 장점이 있었다. OEM 제품이 아니라 국내에서 제작하는 제품이었다. 그래서 차별화 전략으로 진정한 국산 제품임을 강조했다.

제품 하나를 만들기 위해 국내 76개 중소기업의 협업이 필요하다면, 단순히 해외 제품을 들여와서 국산 제품으로 바꿔 판매하는 제품과 비교되기 마련이다. 결국 국내 제조사가 많이 참여하고 있다는 차별성을 부각했고, 자금 흐름이 국내에 머물러 사회적 가치를 더 실현할 수 있다는 점을 강조하여 대기업을 이길 수 있었다. 경쟁 업체는 선정 결과에 문제를 제기했지만, 평가자들은 우리가 제안한 국내에서 제조하는 제품을 진정한 국산 제품으로 인정해주었다.

이는 고객의 요구 사항인 '국내에서 제조한 제품' 중 최적의 제품이 무엇인지를 평가자에게 화두로 던지고 우수성을 강조한 사례다. 공공기관의 사회적 의무를 고려하여 사회적 가치를 제공하는 차별화된 제안으로 경쟁에서 이길 수 있었다. 제품의 우수성을 강조하기 위해 자사의 특장점을 유일한 것으로 주장하며 강조하는 전략이었다. 상대는 우리나라를 대표하는 통신 대기업이었다. 전략이 좋으면 큰 회사와 경쟁해도 이길 수 있다.

전문 인력을 강조한 제안

전문 인력을 강조하는 것은 대표적인 전략이다. 사업을 수행하려면 전문성을 갖춘 인력이 필요하다. 전년도에 동일한 사업에 참여하여 사업을 수행했는데, 올해 2차 사업으로 고도화 사업이 발주되어 나오는 경우가 많다. 이 경우 전년도 1차 사업에 참여했던 개발자나 엔지니어가 2차 사업에 투입되면 이미 시스템을 잘 알고 있기 때문에 문제를 빨리 진단할 수 있다는 장점이 있다. 그 외에도 리스크 예방과 커뮤니케이션 향상 등 다양한 장점이 있다.

따라서 전문 기술력, 전년도 동일 사업 수행 경험을 부각하고 최적의 인력이 투입되었음을 강조한다. 전문 인력을 강조함으로써 경쟁사와의 차별성을 주장할 수 있다. 사업의 리스크를 해결하고 예방하는 일은 전문성에 달려 있다. 전문성은 기술에만 국한하지 않는다. 주변 환경과 문화, 정책을 이해하고 있는 최적의 전문가가 필요하다. 기술만으로는 차별화되지 못한다.

시스템 개발·구축 사업에는 개발자가 많이 투입되는데, 되도록 유경험자를 포진시켜야 한다. 특히 동일 사업을 수행한 경험이 풍부한 인력을 확보했다면 사업 수행이 매우 원활해진다. 프로젝트는 결국 사람이 하는 것으로 경험이 풍부한 전문 인력이 수행한다면 믿고 맡길 수 있기 때문이다.

전문 인력을 강조할 때도 수행 경험과 이해도에 따라 차별화된 전략을 세워야 한다. 특히 사업관리자가 중요하다. 제안 발표는 사업관리자가 하게 되어 있는데, 발표자의 경력과 경험을 부각해야 한다. 사업의 중심은 인력이고, 그중에서도 사업관리자의 책임이 크다. 제안 평가는 발표자인 사업관리자의 역량과 자질을 함께 본다. 그리고 참여하는 분야별 사업책임자PL도 우수한 인력을 제안할 때 신뢰를 얻을 수 있다.

파트너십을 강조한 제안

용인에 있는 공공기관에 기존 시스템을 개선하고 보완할 새로운 시스템이 필요했다. 새로운 시스템은 전산실에 배치되고 기존 시스템과 호환되어야 하며 서비스에 문제가 없어야 했다.

만약 해당 기관의 시스템을 유지보수 하고 있는 업체가 있다면 그 업체가 시스템과 기반 환경, 세부적 요구 사항을 잘 알 것이다. 이런 상황에서 경쟁한다면 어느 업체가 유리하겠는가? 당연히 시스템 구성과 환경에 대한 이해가 높은 기존 유지보수 업체가 유리할 것이다. 해당 기관에서 다년간 유지보수를 하고 있는 업체는 그 기관의 시스템뿐 아니라 조직 문화, 결제 문화, 관계 기관과의 연계, 다양한 요구 사항과 이해관계자들을 파악하고 있다.

또한 큰 기관일수록 모르는 업체가 사업을 수행하는 것을 원하지 않을 것이다. 해당 기관의 문화를 처음부터 알려주고, 행정과 보안 등의 업무를 알려주려면 시간이 필요하기 때문이다. 그러므로 발주처는 아무것도 모르는 업체보다는 이미 고객과 시스템을 알고 있는 업체가 경쟁에서 이기기를 원한다. 그런 회사가 최적의 회사임을 알기 때문이다.

따라서 기존의 유지보수 업체라면 다년간의 경험과 이해를 바탕으로 차별화 전략을 세워야 한다. 시스템을 누구보다 잘 알고 있다는 자신감을 내비치고, 탁월한 문제 해결 능력을 내세워 발표한다. 오랜 신뢰를 바탕으로 진정한 파트너임을 강조하는 전략이다.

고객의 가치는 다양하다. 원하는 것을 주는 것만으로는 안 된다. 경쟁사와 차별성을 보이고 특별한 장점으로 부각해야 한다. 고객을

잘 알고 있다면 자사와 고객의 비전을 연결하여 차별화 전략을 수
행할 수 있다. 하나의 전략으로는 이길 수 없다. 사업의 특성에 맞는
전략을 구사해야 승률을 높일 수 있다. 왜 이겼는지는 이겨야만 알
수 있다. 지면 바보가 된다. 지는 이유를 알 수 없기 때문이다.

Check

- 고객의 요구 사항에 최적의 솔루션을 제안하라.
- 자사의 역량을 강조하라.
- 프로젝트의 중심은 인력이다.

04 핵심은 고객에게 있다

고객의 가치는 매우 중요하다. 고객에 대한 이해를 바탕으로 사업
수행 전략을 세우고, 그 후 경쟁사의 동향을 파악하여 강조할 부분
을 선택하여 차별화해야 한다. 고객에 대한 이해 없이 화려한 디자
인만으로 포장하려는 사람들이 있다. "굳이 고객을 만나지 않아도
왜 이 사업을 하려는지 알겠어! 그러니 그래픽 디자이너 투입해서
화려한 디자인으로 제안하자고!" 이는 커다란 오산이다.

'고객 중심의 제안'은 너무 흔한 소리다. 다들 "고객이 중요한 것
을 누가 모르나?"라며 자신 있게 이야기한다. 모두가 고객을 중심
으로 제안하고 제품을 만들어야 한다고 외친다. 하지만 아는 것과

실천하는 것은 다른 문제다. 직접 고객을 통해 아는 것과 협력사를 통해 이해하는 것은 차원이 다르다. 그런데 제안 현장에서는 고객보다 협력사를 통해 제안을 준비하는 모습을 많이 본다. 고객을 만나 문제를 같이 논의하면 숨겨진 니즈를 쉽게 파악할 수 있다. 고객이 어떤 제품을 원하는지, 어떤 이슈가 있는지, 고객의 취향은 무엇인지까지 고려하여 제안의 밑바탕에 두어야 한다. 특히 제안을 준비하고 발표하는 사업관리자는 고객의 니즈를 더 많이 알고 있어야 한다.

고객 중심의 제안이 답이다

한 행인이 공사장을 지나다가 일하고 있는 세 명의 인부를 보았다. 한 사람은 인상을 쓰고 투덜거리며 일하고, 한 사람은 무표정한 표정으로 일하고, 나머지 사람은 활기찬 얼굴로 땀을 흘리며 열심히 일하고 있었다. 행인은 인부들에게 "지금 무엇을 하고 계시나요?"라고 물었다. 인상을 쓰고 있던 첫 번째 인부는 "보면 모르세요? 벽돌을 쌓고 있지 않습니까?"라고 짜증을 내며 답했다. 두 번째 인부는 "돈을 벌고 있지요"라고 답했다. 온화한 표정으로 땀을 흘리며 열심히 일하는 세 번째 인부는 "하느님께 바칠 세상에서 가장 멋진 성당을 짓고 있습니다"라고 대답했다. 고객 중심의 제안은 세 번째 인부의 답변과 같다. 고객이 원하는 것을 넘어 그 이상의 가치를 제안해야 한다. 고객 중심의 제안은 고객이 미처 생각하지 못했던 가치를 제공하는 것이다. 제안은 아이디어 경연장이 아니다. 고객이 원하는 가치를 이해하고 실현하려는 제안이 중요하다.

경쟁 제안에서 핵심 고객은 불특정 다수의 일반 대중이 아니다. 해당 기업이나 기관의 발주 담당자와 조직이라는 명확한 고객이 있다. 그러므로 불특정 다수를 대상으로 하는 세일즈와는 다르다. 고객은 사업을 발주하기 위해 오랫동안 준비해온 만큼 요구 사항과 발주 이유가 명확하다. 이런 요구 사항을 발주 담당자와 주변 조직을 통해 최대한 많이 알아내면 핵심 사항을 제대로 파악할 수 있다. 대중을 상대하는 것보다는 훨씬 찾아가기 쉽다. 하지만 대중이 원하는 것을 찾아가는 것과 발주 담당자의 니즈를 찾아가는 것 모두 결국 고객의 니즈를 파악한다는 점에서는 동일하다. 고객의 니즈를 알아내고 찾아내고 발견하여 재구성하는 것은 마찬가지다.

고객을 직접 만나보면 문서로 된 제안요청서보다 더 많은 요구 사항을 이해할 수 있다. 고객의 고충이나 요구를 1~10등급으로 나누어 정의하는 것이 좋다. 가장 높은 등급을 받은 이슈가 핵심 이슈로, 문제 해결을 위한 솔루션이 필요한 요소이다. 고객을 만나지 않고 상상만으로 제안하는 것은 편의를 위한 방편일 뿐이지 결코 좋은 접근이 아니다. 고객을 만나야 진정한 니즈와 전략을 확인할 수 있다. 고객을 아는 것과 모르는 것은 하늘과 땅 차이다. 고객을 알고 나를 알아야 좋은 전략이 나온다. 결국 제안의 핵심은 눈에 보이는 제안요청서 외에 눈에 보이지 않는 고객의 가치를 얼마나 분석했느냐로 결정된다.

고객의 가치를 선점하라

제안서는 고객 요구 사항을 구체적으로 분석했는지에 따라 그 품질이 달라진다. 제안서를 비교해보면 금방 알 수 있다. 요구 사항을 구체적으로 분석한 제안서는 누가 보더라도 차이가 난다. 전문 평가자는 더 잘 안다. 고객의 요구 사항을 반영한 제안서는 금방 알 수 있다. 발표를 잘하고 전략을 잘 수립하는 것은 고객의 고민을 명확히 이해하는 데서 출발한다.

좋은 전략은 누가 먼저 고객의 요구 사항을 분석하고 고객 맞춤형 전략을 세우느냐에 달려 있다. 고객을 일찍 만나야 사업 발주 배경과 이슈를 분석하고 문제점을 논의할 수 있다. 드러난 문제에 대해서는 영업대표가 아니더라도 제안팀이 찾아가서 같이 고민하고 고객과 함께 대응 방안을 논의한다. 세부적으로 고민하면 제안 준비 과정에서부터 신뢰를 쌓을 수 있고, 말 못 하는 정보도 같이 논할 수 있다.

정성과 배려가 고급 정보로 돌아온다. 고객과 함께 고민하면 무엇이 진짜 문제인지 파악할 수 있다. 공식적으로 알릴 수 없는 내부 문제를 해결하기 위해 문제를 진단하고 해결 방안을 찾게 된다. 문제의 본질을 이해하면 해결 방안을 마련하고 전략을 수립하여 차별화된 제안으로 활용할 수 있다. 고객의 고민을 들어보면 사업 전반의 문제를 인식하고 문제의 해결 방안에 집중할 수 있다.

다음은 미국의 컨설팅 업체 쉬플리가 제시하는 고객 관점의 제안서 작성법이다.

- 고객 조직의 비전을 언급하라.
- 고객의 비전과 이번 구매 건을 연계하라.
- 고객의 핵심 이슈를 중심으로 제안하라.
- 핵심 이슈가 고객으로부터 나왔음을 명확히 하라.
- 서론의 목록에 나열한 순서대로 고객의 핵심 이슈를 본론의 제목으로 사용하라.
- 판매자보다 고객을 주어로 사용하라.
- 판매자보다 고객을 더 많이, 자주 언급하라.
- 특징보다는 효용을 중심으로 기술하라.

05 성공하는 제안은 이슈에 집중한다

흔히 모르는 주제를 맡게 되면 당장 문제 되는 이슈는 어떤 것이 있는지 물어본다. "무슨 이야기인지는 알지만 그래서 무슨 문제라도 있는 거야?" 내용은 몰라도 특이 사항이 있는지 성급하게 물어본다. 제안요청서를 사전에 전달받고 내용을 훑어본다. 프린트해서 출퇴근 시간에 면밀히 분석해본다. 그런데도 도무지 감이 오지 않는다. 밑줄을 긋고 동그라미를 쳐가며 내용을 요약하기 시작한다. 내용이 한눈에 들어올 때까지 계속 읽고 요구 사항의 의미를 되새겨보지만 결국 전반적인 상황을 이해하는 데 그친다.

처음부터 이슈를 알 수는 없다. 프로젝트마다 성격이 다르고 솔루션이 다르기 때문이다. 아무리 제안요청서를 들여다보아도 어려울 때가 많다. 왜 사업이 발주되고 경쟁 입찰이 필요한지 확인한 후에야 이 사업이 왜 중요한 사업인지 알 수 있다. 제안요청서를 들여다보면서 이해하는 데서 끝나서는 안 된다. 더 세밀한 분석을 통해 고객에 유익한 점은 없는지, 요구 사항에 맞춰 진행하기 위해 부족한 점은 없는지, 그리고 성공적으로 프로젝트를 완수하는 데 위험 요소는 없는지 확인해야 한다. 핵심을 잡고 콘셉트를 잡고 여기에 확신을 심어 내용을 완성하면 제안 전략의 기본 바탕이 만들어진다.

그런데 문제는 이런 이슈는 쉽게 파악되지 않는다는 점이다. 어떻게 하면 이슈를 쉽게 파악할 수 있을까?

핵심은 고객에게 있다

프로젝트마다 범위와 가격, 기간, 요구 사항이 다양하며 이슈도 다양하다. 발표자는 이렇게 다양한 정보와 기술, 이슈에 대한 전반적인 정보를 가지고 고객과 평가자에게 발표하고 질문에 답할 수 있어야 한다. 그러려면 발표자가 제안 단계에서부터 참여해 함께 분석해야 한다. 이러한 준비 상황은 질의응답 시간에 고스란히 드러나게 된다. 핵심 사항이 무엇인지, 사업을 전반적으로 이해하는지, 다양한 요구 사항을 잘 이해하는지가 중요한 판단 근거가 된다.

무엇보다 중요한 것은 고객의 요구 사항이다. 제안 승률이 85퍼센트를 상회하는 쉬플리코리아의 김용기 대표는 《최강 입찰 제안서》에서 제안의 핵심은 고객의 니즈에 있으며, 전략과 문제 해결은 고객의 니즈에서 출발해야 한다고 주장한다.

제안요청서에 나와 있는 정보는 극히 일부에 지나지 않는다. 고객을 직접 만나야 새로운 이야기도 듣고 공식적으로 논의할 수 없는 다양한 이슈를 확인할 수 있다. 그제야 제안요청서의 내용도 명확히 이해할 수 있다. 글로 설명하는 것에는 한계가 있으며, 내용을 모두 담아내는 것에도 한계가 있기 마련이다. 그러므로 고객의 비공식적인 니즈에 주목해야 한다.

핵심 이슈가 기억에 남는다

제안서를 작성할 때는 그때그때의 이슈에 따라 자료 분석과 내용 파악, 요약 등의 준비 작업을 하고, 방향 설정과 전략, 기획, 리스크

관리 등을 검토하고 어떤 것이 더 효율적이고 명확한지 고민한다. 그리고 상대방이 이해하기 쉽도록 압축하고 핵심을 정리하는 과정이 필요하다. 어떤 내용이든 제안서는 고객 및 평가자에 맞춰 작성해야 하는데, 무엇보다 핵심을 중심으로 쉽게 전달해야 한다.

많고 많은 내용 중에 가장 핵심이 되는 것부터 하나씩 풀어가는 과정이 필요하다. 고객의 의견을 경청하고 우리가 파악한 이슈가 맞는지 확인하고 그에 대한 해결 방안을 제시한다. 준비 단계에서부터 충분히 고민해 사업 범위를 이해하고 핵심 중심으로 설명한다면 서로 간의 혼란을 줄일 수 있고 방향도 쉽게 결정할 수 있다. 문서의 초안을 작성하듯 대화도 가볍게 전체적인 관점에서 접근하고, 상대방이 관심 있는 부분을 집중적으로 다시 이야기한다.

요구 사항과 핵심 사항을 한눈에 볼 수 있게 한 페이지로 요약하는 기술이 필요하다. 그러면 한 페이지만으로 모든 상황을 이해할 수 있고 핵심이 무엇인지 알 수 있다. 다양한 보고서와 과제를 분석할 때도 생각을 정리하고 핵심을 요약할 수 있어야 한다. 핵심을 요약하지 못하면 기억에서 쉽게 사라진다.

Check

- 고객의 니즈를 분석하라.
- 고객에게 물어보라.
- 핵심을 요약하라.

06 나를 알아야 상대를 알 수 있다

매출을 올리기 위해 새로운 시장을 개척하는 것은 영업의 꽃이다. 새로운 매출을 창출하기 위해서는 새로운 업종을 선택하고 확장해 나가야 한다. 기존 업종을 유지하는 것도 어렵지만, 새로운 업종에 진출하는 것은 더 어렵다. 후발주자로서 기존에 포진한 여러 회사와 경쟁해야 한다. 따라서 우리가 할 수 있는 일인지 전략적으로 잘 판단해야 한다. 회사의 이름과 업종이 어울리는지도 고려해야 한다. 매출을 높이고자 하는 마음은 충분히 이해하지만 알지도 못하는 분야에 진출해 시장을 장악하겠다고 덤비는 것은 잘못된 생각이다. 아무리 작은 회사를 상대한다 하더라도 전문성 있는 작은 회사가 유리하기 때문이다.

내가 살고 난 후에 상대를 잡으러 가라

바둑 전략에 '아생연후살타我生然後殺他'라는 것이 있다. 자신의 돌이 안전하게 살 수 있는 구조를 만들어놓은 다음에 적을 공격하라는 것이다. 자신에게 허점이 많으면 모래성처럼 쉽게 무너지고 모든 노력이 헛되어지기 때문이다. 그러므로 자신을 아는 것은 매우 중요하다. 제안에 참여하기 전 우리가 수행할 수 있는 사업인지를 먼저 본다. 시스템 구축 사업에 디자인 업체가 참여할 수는 없는 노릇이다. 따라서 입찰에서는 관련 업체들끼리 치열한 경쟁을 하게 된다. 그러나 참여하는 회사마다 특성이 있다. 동종 업종이어도 회사마다 실적과 인력, 신용등급 등 다양한 차이가 있다.

만약 사업 발주 기관의 시스템을 자사가 관리하고 있다면, 그 기관의 시스템 환경을 가장 잘 알고 있는 업체라고 주장할 수 있다. 반대로 경쟁 업체가 해당 기관의 시스템을 관리하고 있다면, 관리 스타일이나 운영의 문제점을 지적하고 공략한다. 이때 구체적으로 꼬집기보다는 문제의 심각성을 내포한 이야기를 통해 우회적으로 주장한다.

제안에서 기본은 회사의 역량이다. 전략만 잘 수립하면 된다고 생각하지만 자사의 역량을 돌아보고 제안에 임해야 한다. 자사의 역량이 어떤 위치에 있고 경쟁사보다 경쟁력이 있는지 봐야 한다. 우리가 할 수 있는 사업인지 검토하는 것이 먼저다. 자사의 역량이 부족하다면 이를 극복할 전략이 필요하다. 반대로 강점이 있다면 이를 강조할 전략을 수행한다. 자사의 역량을 증명할 수 있는 구체적인 내용을 근거로 설득력 있게 주장한다. 전략을 수립하기 전에 근본적인 문제를 먼저 찾아야 한다. 그렇지 못하면 욕심만 내다가 끝나게 된다.

회사에 인력도 부족하고 동일 사업 경력도 없다면 아무리 주장하고 설득한다 해도 누가 믿어주겠는가? 역량 없이 주장하는 것은 약장수가 떠드는 것과 비슷하다. 평가자로부터 뼈아픈 지적을 받고 질의응답 시간에 엄청난 공격을 받게 된다. 질의응답 시간에 답변하는 모습만 상상해봐도 입찰에 참여할지 말지 쉽게 결정할 수 있다.

영업대표는 입찰에 참여하려는 사업이 남는 사업인지, 우리가 할 수 있는 사업인지 판단해야 한다. 수주는 회사의 규모로 결정되는 것이 아니다. 회사마다 여러 제안팀이 있고 그중에서도 잘하는 팀과 못하는 팀이 있다. 그래서 영업대표와 제안팀의 역량이 매우 중요하다.

지기지피 백전백승

이순신 장군은 스물세 번 싸워 스물세 번 다 이겼다. 100퍼센트 승리했으니 전쟁의 신이라 할 수 있다. 이순신 장군은 '지기지피 백전백승'이라는 명언을 남겼다. 《난중일기》에 여러 번 나오는 이 말은 《손자병법》에 나오는 '적을 알고 나를 알면 백번 싸워 백번 위태롭지 않다'라는 뜻의 '지피지기 백전백태'와 확실히 다른 내용이다. '나를 알고 적을 알면 백번 싸워 백번 이긴다'는 것이다.

이순신 장군은 싸움에서 이기기 위해 적을 먼저 알기보다 자신을 먼저 알고자 했다. 영화 〈명량〉의 유명한 대사 "신에게는 아직 열두 척의 배가 남아 있습니다"를 기억할 것이다. 이는 왜적의 300척 배가 중요한 것이 아니라 자신이 가지고 있는 자원이 더 중요함을 강조한 말이다. 자신의 역량이 경쟁에서 이기는 중요한 조건이며, 자신을 먼저 알고 다양한 경쟁 환경에 빨리 적응하고 대응하는 것이 중요하다.

《손자병법》의 전략은 상대의 전략을 간파하여 전략을 수립하는, 차별화를 통해 외부 환경에 적응하는 포지션 전략이라 할 수 있다. 반면 이순신 장군의 전략은 내부 환경에 기준을 둔 자원 기반의 전략이다. 실제로 이순신 장군은 스물세 번보다 더 많은 싸움을 했으며, 불리하면 과감하게 뒤로 물러서는 전략을 썼다고 한다. 적을 유인하기 위해 치고 빠지는 전략을 세우고, 적이 따라오지 않으면 다시 유리한 위치를 만들어 싸웠다고 한다. 즉, 결코 지지 않는 싸움을 했다. 자신의 역량을 알고 이길 수 있는 싸움만 선택하여 전쟁을 한 것이다.

입찰을 선택할 때도 이길 수 있는 입찰에만 참여해야 한다. 제안을 준비하다 불리한 상황임을 깨달았다면 과감하게 참여를 중단해야 한다. 이길 수 있다는 확신이 생길 때 참여하는 것이 중요하다. 즉, 이길 수 있는 사업인지 판단하는 시간을 가지는 것도 이기는 제안을 하는 데 중요하다. 경쟁사만 들여다보고 비교 우위만을 바라본다면 오산이다. 우선 자신의 역량이 어느 정도 되는지 냉정하게 바라보고 접근해야 한다. 자신의 역량을 생각하지 않고 제안하는 것은 희망 없는 도전에 불과하다. 자사의 위치를 냉정하게 바라보고 이기는 이유와 지는 이유를 구분할 수 있는 시각이 필요하다. 자사의 역량을 알고 있어야 경쟁을 할 수 있다.

07 조건이 같다는 착각에서 벗어나라

우리나라 공공 조달은 매우 투명하다. 공공 조달 대부분은 조달청에서 운영하는 나라장터에 제안 입찰 정보를 공지한다. '사전 규격'이라고 본 공고 전에 요구 사항 내용을 공지하고 사업 수행을 위한 수행 범위와 기간 등에 문제가 없는지 의견을 받는다. 의견이 수렴되면 본 공고를 공지하여 제안 입찰을 받는다. 제안요청서는 공평하게 제공된다. 많은 업체가 사업에 참여하고 수주하기 위해 내용을 검토한다. 요구 사항 내용에 수정이 필요하면 사업 수행을 계약할 때 수정한다.

제안 요청은 왜 하는 걸까

발주처는 자사의 성장과 비전을 위해 많은 노력을 한다. 작은 것부터 큰 것까지 다양한 문제를 개선하고 해결하기 위해 방안을 마련한다. 과거에는 사업을 수행할 업체를 찾아 경쟁 입찰 없이 비용을 주고 맡겼다. 그러나 현재는 모든 공공사업 발주를 나라장터를 통해서 하도록 되어 있다. 이런 입찰 시스템을 통해 공정하게 평가받는 사업이 갈수록 늘고 있다. 앞으로는 이런 경쟁에서 이겨야만 사업을 수주할 수 있다. 술상무가 되어 밤마다 고객과 술 마시며 영업하는 것을 자랑하던 시대는 지났다. 영업은 술로 하는 것이 아니라 정보로 하는 것이다.

　기업은 다양한 문제점을 해결하고 변화에 대응하기 위해 신규 시스템이 필요하다. 기업 내에서는 개선 사항과 신규 서비스 등이 이미 오래전부터 논의된다. 부서 간 이견을 조정하고 최적의 방안을 도출하기 위해 수많은 회의를 한다. 기업이 발주하는 사업은 사전에 충분히 계획되고 예정된 것이다. 따라서 이런 정보를 아주 값진 정보로 받아들이고 사전에 정보를 입수하여 영업 활동을 해야 한다. 무엇이 문제인지 진단하고 같이 고민하는 것이 영업대표로서 바람직한 자세다. 이미 공지된 입찰 정보를 가지고서 "이런 사업이 있다는 것을 들었으니 우리가 할 수 있게 도와주십시오!"라고 한다면 그 영업대표는 하수이다. 누가 그냥 도와주겠는가?

　발주처에서 줄 수 있는 도움이란 정보를 제공하는 것이다. 개선 사항이 필요한 점에 대해 정보를 제공하는 것 말고는 딱히 도와줄게 없다. 그런데 그 사전 정보는 매우 중요하다. 제품을 선정하는 이유가 거기에 있기 때문이다. 그런 이유를 사전에 구체적으로 아는 것은 소중한 정보가 된다. 그러려면 정보를 달라고 하지 말고 필요한 정보를 줘야 한다. 도와줘야 정보를 얻을 수 있다. 영업에서는 주는 것이 있어야 받을 수 있다.

　사전에 준비하는 것은 매우 중요하다. 정보를 먼저 취할수록 더 빨리 고객과 파트너 관계를 다질 수 있기 때문에 유리한 위치에 설 수 있다. 그래서 사전 영업이 중요하다. 본 공고가 나오기 전부터 발주처 담당자는 문제를 해결하고 싶어 한다. 그 문제의 해결 방안이 만들어지면 입찰 공고를 내는 것이다. 그러나 그런 정보는 쉽게 공유되지 않는다. 사전에 영업을 어떻게 하느냐에 따라 승률이 달라진다. 즉, 먼저 준비하는 영업이 정보를 선점해 유리한 상황을 만든다.

영업도 변한다. 이제는 솔루션 영업으로 영업대표가 컨설턴트가 되어 고객을 컨트롤한다. 그러나 이런 솔루션 영업도 고도화되어 이제는 고객을 코칭해야 된다. 컨설팅이 아닌 가이드를 제시하고 방향을 잡아주는 것이다. 진단이 아닌 방향 설계를 진행한다. 그래서 단순히 진단하는 컨설팅이 아니라 코칭을 통해 사전 영업 활동을 한다. 《팔지 말고 코칭하라》의 저자 김상범은 "위대한 세일즈맨이 되려면 코치가 되라"고 한다. 이제는 고객에게 솔루션만 컨설팅하는 것이 아니라 사회 이슈와 새로운 솔루션, 시대의 흐름에 적합한 정보를 제공하고 파트너십을 구축해야 한다는 말이다. 영업도 시대의 흐름에 발맞춰 발전하고 있다. 사전 영업이 어려운 점은 고객 니즈의 씨앗을 찾기 어렵다는 데 있다. 정보를 잘 찾고 고객을 코칭하고 파트너십을 이루는 영업을 통해 고객의 니즈를 먼저 이해할 수 있다.

고객의 고민을 먼저 해결하라

서면으로 된 제안요청서는 요구 사항과 사업 전반에 대한 정보를 담고 있다. 하지만 해당 기관의 내부 사정까지 노출하지는 않는다. 대중이 이해할 수 있는 범위까지만 공지한다. 발주 계획은 미리 알려지므로 사전에 발주 담당자를 만나 다양한 문제와 이슈에 대해 논의해야 한다. 누가 먼저 발주 담당자를 만나느냐는 매우 중요하다.

사전 정보가 있어야 전략을 세우기 쉽다. 고객의 요구 사항을 미리 알면 제안 전략이 쉽게 나온다. 제안요청서에는 나오지 않는 무수한 이해관계와 내부 이슈가 있기 때문이다. 의외로 매우 당연한 전략이 도출되기도 한다. 그래서 입찰 공고가 나면 제안요청서만 분석해서는 안 된다. 제안요청서는 빙산의 일각일 뿐이다. 수면 아래에는 고객의 궁극적인 요구 사항이라는 거대한 빙산이 있다. 많

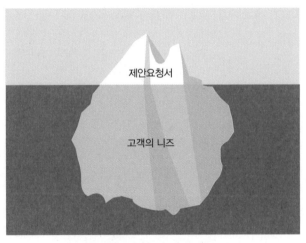

| 제안요청서는 빙산의 일각이다 |

은 양의 제안서를 쓰고 발표를 잘해도 고객이 원하는 요구 사항을 파악하지 못하면 실패할 확률이 높다. 평가자를 앞에 두고는 허공에 주장하고 외치는 꼴이 된다.

사전 영업이 승률을 좌우한다

경쟁 상대의 동향을 파악해 사전에 어떤 업체가 문의해왔는지, 관심을 표명했는지 알아둬야 한다. 그러면 어떤 솔루션이 적당한지, 어떤 제품에 영업 보호를 걸어둬야 하는지 알 수 있다. 영업 보호는 제안 요청을 할 때 '우리 회사가 당신 제품을 팔 수 있게 간접 영업을 했으니 우리에게 가격 우선권을 달라'는 뜻이다. 제안요청서에 최적의 제품으로 해당 제품을 선정했으니 사업을 수행할 때 납품 단가를 저렴하게 해달라는 요구이다.

제품을 취급하는 업체 입장에서도 이는 환영할 만한 일이다. 자기 제품을 팔아주겠다고 간접 영업을 해주니 얼마나 좋은가? 그러니 싸게 해준다. 그러나 사전 제안요청서 작성 이후 최종 제품이 선정되고 제안요청서가 공지된 이후에는 상황이 달라진다. 사업이 공지되면 다른 업체에는 싸게 주지 않는다. 사전에 먼저 이야기된 업체에 우선권이 있기 때문에 금액적인 차이를 제공해서 사전에 제품을 납품할 수 있도록 유도한다. 관행이라기보다는 영업을 대신 해준 데 대한 수고비 차원에서 싸게 해주는 것이다.

이렇듯 정보를 먼저 알아야 추후 비용도 아낄 수 있다. 납품 제품에 영업 보호를 걸어놓으면 금액 투찰 때 유리하게 작용한다. 경쟁업체는 무조건 싸게 입찰할 수가 없다. 제품이 비싸기 때문에 마진이 없으면 참여하지 않는다. 수익이 없는 사업은 포기하는 것이 당연하다. 견적을 내보고 수익이 될 때 참여한다. 그만큼 영업 보호는 매우 중요하다. 그러면 유리한 입장에서 경쟁할 수 있다. 이러한 여러 사전 활동을 통해 제안팀이 구성되기도 전에 성공 전략이 절반가량 나오는 것이 최고의 전략이다.

Check

- 제안요청서가 전부가 아니다. 고객을 만나라.
- 요구 사항의 숨은 의미를 탐색하라.

TiP

실패하는 제안과 성공하는 제안

실패하는 제안	성공하는 제안
고객의 제안요청서를 분석한다.	고객의 비공식 요구 사항을 더 분석한다.
제안요청서만 있으면 제안서를 쓸 수 있다.	제안요청서 외에 다른 것이 있어야 한다.
같은 정보를 가지고 선의의 경쟁을 한다.	차별화된 정보를 찾고 차별화한다.
운에 맡긴다.	이길 수 있는 사업을 만든다.
자사 제품의 우수성을 강조한다.	고객의 비전을 자사의 역량과 연결한다.
이슈는 협력사에 물어본다.	이슈는 고객을 직접 만나 물어보고 함께 고민한다.
영업은 원가를 계산하기에 바쁘다.	영업이 제안 기회를 물고 온다.

이기는
이유는
다른 데
있다

PART
2

고객의 요구 사항이 담겨 있는 제안요청서를 열심히 분석하고 제안서를 썼다. 이기기 위한 아이디어도 많이 나왔다. 우리가 이길 수밖에 없는 제안이었다. 그런데 결과는 실패로 끝날 때가 많다. 무엇이 잘못인지 원인을 살펴봐도 알 수가 없다. 지면 알 수 없기 때문이다.

제안서만 잘 쓴다고 되지 않는다. 브로슈어처럼 깔끔하게 다듬어진 제안서는 보기는 좋아도 내용을 뜯어보면 일반적인 내용이 많다. 고객을 알지 못하면 경쟁사와 비슷한 제안서만 만든다. 차별화되지 않는다. 고객을 이해하고 자사의 역량을 이해하면 차별화된 요소를 찾을 수 있다. 공식적 요구 사항인 제안요청서만 보았다면 그것은 반쪽만 본 것이다. 수면 아래에는 고객이 말하지 못하는 비공식적 요구 사항이 있다. 그러한 비공식적 요구 사항을 파악하는 것이 영업이다. 모든 요구 사항을 확인하고 우리가 수행할 수 있는 일인지 판단해야 한다. 그리고 이길 수 있는지 판단하여 제안에 참여한다. 그 판단은 고객을 만나고 비공식 요구 사항을 확인한 후 내린다. 제안서를 잘 쓰고 발표를 잘하는 것 이전에 고객의 비공식 요구 사항을 확인하고 제안 참여를 결정하는 일이 선행되어야 한다.

입찰 경쟁에서 이기는 이유는 제안서를 잘 쓰는 것 이외에도 매우 많다. 팀워크가 잘 맞아야 하나의 제안서가 탄생한다. 영업은 사업 기회를 연구하고 제안에 참여할지 결정한다. 제안팀은 다각적 정보를 활용하여 전략을 수립한다. 발표자는 평가자의 공감을 불러일으키고 이기기 위해 설득한다. 물론 기본적으로 회사의 역량이 받쳐줘야 한다.

발표장에는 고객보다 더 중요한 사람이 있다. 평가자이다. 평가자를 사전에 알 수 있는 방법은 많지 않으나 고객에게 물어볼 수는 있다. 예상되는 평가자를 유추해보고, 평가자의 구성을 참고하여 발표한다. 그런데 우리는 평가자를 적으로 생각한다. 강도 높은 질문을 하거나 이상한 질문을 퍼붓는 평가자를 기억하기 때문이다. 하지만 고객뿐 아니라 평가자를 이해하고 설득하는 것 또한 체계적인 관리가 필요하다. 평가는 평가자가 한다. 평가자의 입장이 되어 준비해야 한다. 그래서 시작과 끝이 중요하다. 도입부의 강한 인상과 질의응답 시간이 중요하다.

제안에서 이기는 요소는 다양하다. 고객 니즈, 전략, 발표, 제안서 품질 등 여러 요소가 있다. 경쟁에서는 내가 경쟁자보다 우위에 있을 때 이길 수 있다. 그런데 우위에 있음에도 실제 평가자들은 달리 평가할 수 있다. 또 경쟁 업체의 치밀한 전략으로 예상치 못한 결과를 얻기도 한다. 고객을 대표하는 평가자는 전문가 집단으로, 발주처 내부 혹은 외부 인원으로 구성된다. 내부 인원이 평가한다면 제안 내용을 구체적으로 깊이 있게 구성해야 한다. 외부에서 초빙한 평가자라면 이해하기 쉽게 구성해야 한다. 평가자의 경험에 따라 평가가 달라지기 때문이다.

평가자의 구성에 따라 제안의 성격도 변화를 줘야 한다. 그렇게 하기 위해서는 평가자 구성을 먼저 숙지하고 있어야 한다. 평가자의 성향이 기존 업체에 유리하다면 굳이 열심히 노력할 필요가 없다.

01 선택 기준을 분석하라

고객을 대표하는 평가자의 성향을 조사하는 이유가 무엇일까? 어떤 평가자가 평가하느냐에 따라 평가 점수가 달라지기 때문이다. 평가자도 사람인지라 주관적인 판단을 하게 되고, 내부 관련자가 평가하는 것과 객관적인 외부 평가자가 평가하는 것에는 차이가 있기 마련이다. 또 우리에게 우호적인 사람인지, 전혀 상관없는 사람인지에 따라서도 설득하기 위한 내용이 달라진다.

공공 조달은 주로 조달청에서 평가자를 모아 평가를 진행하는데, 해당 사업 건과 상관없는 외부 평가자로 구성하며, 공정성을 높이기 위해 평가 하루 전에 평가자를 선정해 통보한다. 외부 심사위원들은 해당 분야의 전문가이기 때문에 관련 이슈 중심으로 문제를 제기하고 해결 방안과 차별화에 신경 써야 한다. 또 추가 제안을 할 때에는 질보다는 양으로, 풍성하고 다양한 관점에서 제안한다. 발주 사업의 내용을 자세히 알지 못하는 외부 평가자를 상대할 때는 사업의 핵심과 회사의 역량, 그리고 다양한 추가 제안으로 리스크를 사전에 예방하는 것을 강조한다. 반면 사업을 잘 알고 있는 내부 평가자라면 사업에 꼭 필요한 내용으로 제안을 구성한다.

제안이 쉬워야 평가도 쉽다

해당 발주처에서 평가를 하는 경우는 조달청에서 하는 것보다 내부 평가자의 비율이 더 높다. 외부 초빙 교수 반, 내부 임직원 반으로 구성해 평가를 진행하는데, 내부 평가자 중에는 사업을 잘 이해하고 있는 기술 담당자가 배석한다. 내부 평가자는 사전에 성향을 파악해야 한다. 누가 평가에 참여하는지는 사전에 알 수 있다. 또 평소 평가자로 자주 활동하는 인물이 있기에 충분히 예상할 수 있으므로, 그 사람의 전문 분야와 관심 사항을 파악해두면 유리한 점수를 받는 전략을 수립할 수 있다.

외부 평가자는 관련 지식이 있는 사람으로 구성되는데, 교수뿐 아니라 관련 심사 기관의 연구원이 들어오기도 한다. 과거에 외부 평가자와 관련 있는 업무를 진행했다면, 제안 발표 때 관련 사항을 강조하면 좋은 평가를 받을 수 있다. 하지만 외부 평가자도 발주 담당자의 의견을 기준으로 평가 기준을 수립하기 때문에 발주 고객의 요구 사항을 충분히 이해하고 제안하는 것은 기본이다.

외부 평가자는 평가 하루 전에 연락을 받고 참여하게 되는데, 다

공공 조달 평가자의 자격 요건

협상에 의한 계약 제안서 평가 세부 기준(정보기술용역과-8797, 2014. 9. 2)의 제4조의 2(전문 평가자의 자격 및 위촉)에 의한 '전문 평가자의 자격 요건'은 아래와 같다.

- 해당 심사 분야 기술사 또는 박사, 연구원 5년 이상인 자
- 해당 심사 분야 업무 수행 경험이 있는 5급 이상 공무원
- 대학 해당 분야 부교수 3년 이상인 자와 정교수

그리고 '전문 평가자 50명과 예비 평가자 30명'으로 구성하고 전문 평가자는 홈페이지에 공지하도록 되어 있다.

사업 규모별 제안서 평가자 수

사업 예산액	1억 원 미만	1억 ~ 50억 원 미만	50억 원 이상
위원 수	8명	8명 이상	9명 이상

* 사업 예산액은 부가가치세 포함

른 평가자들의 분위기를 살펴 평가하기도 하고, 제안서를 잘 써도 이 슬라이드가 무슨 슬라이드인지 왜 중요한지 모르는 경우도 많다. 그래서 평가 항목의 주요한 내용은 제안서 몇 페이지에 있다고 설명해줘야 한다.

중2도 알 수 있게 쉽게 설득하라

평가자는 자신의 모니터만 쳐다보고 평가 점수를 준다. 발표자를 보다가도 평가를 위해 모니터를 응시하는 횟수가 늘어간다. 발표자는 힐끗힐끗 쳐다볼 뿐 계속 바삐 움직이며 평가 점수 매기기에 열을 올린다. 평가를 하려면 여러 업체의 제안 내용을 비교해야 하기 때문에 평가자는 매우 바쁘다. 발표 내용이 조금이라도 식상하면 발표자가 아무리 떠들어도 모니터만 쳐다본다. 내 이야기를 도저히 들으려 하지 않고 삐딱한 눈으로 쳐다보는 경우도 흔하다.

이렇게 중2처럼 삐딱한 평가자의 시선을 한 번에 사로잡으려면 쉽고 간결하게 구성하여 명확하게 설명해야 한다. 이해하기 쉬우면 평가자가 발표자를 주목하고, 펜을 놓고 여유 있는 자세로 경청한다. 특히 첫 번째로 발표할 때는 평가자가 관심 있게 보는 경우가 많다. 더구나 다른 업체보다 충실히 준비했다면 평가자는 발표 내용을 더욱 경청한다. 이런 경우는 수주를 예상해도 좋다.

평가자는 사업에 대한 이해를 바탕으로 한 핵심 전략과 사업 수행의 통찰력이 있는지를 검토한다. 식상한 것과 소름 돋는 유치한 내용은 피하는 것이 좋다. 짧은 시간에 모든 항목을 정확하게 기술하기는 어렵다. 평가자는 어떤 업체가 준비를 많이 했고 전략이 우수한지 본다. 전략이 우수한 업체를 기준으로 타 업체를 비교하여 균등하게 점수를 매기므로 업체별로 점수 차이가 크지 않다. 만약 제안의 품질이 나쁘다면 비교하지도 않고 점수를 매긴다.

평가자는 최소 두 개 업체 이상을 평가하며, 업체마다 평가 점수를 매긴다. 그렇다면 평가 시점은 언제일까? 평가자는 사전에 제안서를 보고 미리 가점을 매긴다. 그리고 제안 발표를 듣고 점수를 수정·보완한다. 사전에 이미 질문 사항과 점수가 나와 있는 것이다.

평가도 쉬워야 통한다

복잡한 이슈는 쉽고 단순하게 준비해야 한다. 다양한 이슈와 요구 사항에 대해서는 요약본으로 전체 내용을 정리해서 관리해야 한다. 제안서는 대략 200쪽 내외이며 별도의 증명 자료와 조견표 등도 챙겨야 한다. 많은 분량을 작성해야 하다 보니 분야별로 많은 인력이 투입되어 팀 단위로 제안서를 작성하게 된다. 한편 발표 슬라이드는 평가자가 집중할 수 있게끔 단순하게 구성해야 한다.

2015년까지는 평가자들 앞에 입찰 제안서가 수북이 쌓여 있었다. 제안서 바인더로 책상이 무너질 정도였다. 그러나 2016년부터는 제안서를 PDF나 PPT 파일로 제출하도록 바뀌었다. 제안서를 종이에 출력하지 않고 파일을 업로드해 제출하는 것이다. 제출 마감 시간 이전에 파일만 업로드하면 된다. 제출 형식만 바뀌었을 뿐 내용은 이전과 크게 다를 바 없다. 기존의 제안서 양식을 그대로 이용하면 된다. 이제 평가자는 수북한 제안서 바인더를 펼쳐보지 않고 모니터만 보면서 평가한다. 따라서 모니터 화면의 사용자 UI에 유의해서 준비해야 한다. 화면에서 강조할 점은 강조하고 직관적으로 이해할 수 있도록 구성하는 전략이 필요하다.

02 최고의 전략은 고객이 원하는 것이다

고객은 발주할 사업의 요구 사항을 준비하는 과정에서 수행 전략을 예상하게 된다. 사업을 발주하기 전 수행 방법을 선택하는 과정에서 위험 요소를 많이 검토하기 때문이다. 사업 규모가 클수록 불확실성도 커진다. 불확실성을 줄이기 위해서 사전에 요구 사항을 명확히 하고 리스크를 검토한다. 다양한 이해관계자와 유관 부서의 요구 사항을 수렴하면서 점진적으로 구체화한다. 어떤 사업도 섣불리 발주하지 않는다. 예산과 사업 규모, 기간 등을 고려하여 발주하는 만큼 사업 수행 기간보다 사업 발주를 위한 요구 사항을 명확히 하는 기간이 더 오래 걸린다. 사업이 문제없이 끝나야 담당자도 편하다. 구축보다 운영에 비용이 더 들어가고 관리하는 기간도 더 길기에 첫 단추인 구축 사업을 성공적으로 끝내야 이후 운영이 편하고 책임을 최소화할 수 있기 때문이다.

고객은 적이 아닌 협력자다. 고객의 요구 사항을 확인하는 것이 최고의 전략이다. 고객의 요구 사항을 누가 더 잘 반영하고 명확하게 이해하는지가 전략의 우위를 판가름한다. 이미 고객은 전략을 알고 있고 그것을 기대하고 있다. 고객을 빼고 수립하는 전략은 뜬구름만 잡기 마련이다.

제안 준비 전에 고객의 전략을 확인하지 못했다면, 제안을 준비하면서 파악해야 한다. 비록 늦더라도 고객을 중심으로 요구 사항을 파악하고 이슈와 전략을 같이 고민해야 한다. 고객을 만나면 경쟁 업체의 동향도 파악할 수 있다. 상어 떼처럼 고객을 중심으로 모여들기 때문이다. 그 길목을 지키는 것도 전략의 하나다. 고객의 요구 사항에서 예상되는 문제와 이슈를 함께 논하다 보면 경쟁 업체가 고객과 고민을 같이 하는지 파악할 수 있다. 고민이 해결되었다면 여기저기 고민을 이야기하지 않는다. 똑같은 고민을 여기저기 소문 내고 싶지 않기 때문이다. 문제점은 최소 인원하고만 공유하고 싶어 한다. 따라서 이를 통해 고객과 경쟁사의 동향을 살피고 전략 수립에 참고한다.

고객 정보를 확인하라

제안을 요청해오면 사전 조사를 마친 뒤 영업 정보를 확인한다. 영업대표는 사전에 많은 것을 준비해야 한다. 사전에 취득한 정보를 바탕으로 고객과 함께 고민하고 팀워크를 이뤄야 한다. 그렇지 않으면 갑을 관계로 발전해 원활한 협조가 이뤄지지 않고 대립하게 된다. 사업을 성공적으로 수행하려면 절대적으로 협력이 필요하다.

영업대표는 고객을 만나 요구 사항이 무엇인지 알아본다. 정말 제안에 참여할 의지가 있다면 고객을 통해 구체적인 정보를 교환해야 한다. 기본을 지켜야 방향을 잡을 수 있는데, 그 기본은 고객을 이해하는 것이다.

영업대표도 사람인지라 저마다 특성이 있는데, 수주 실적이 좋은 영업대표는 고객을 자주 만난다. 그리고 고객이 무언가를 요청하면 제안에 반영한다. 반면 실적이 저조한 영업대표는 협력사를 자주 만난다. 고객은 가급적 피한다. 고객을 만나길 꺼리는 영업대표가 의외로 많은데, 물론 고객이 잘 만나주지 않는다는 이유도 있다. 그러나 영업대표가 사업의 성격을 잘 모른 채 과거의 영업 능력만 믿고 활동하다가 기술적 문제나 난해한 질문을 받으면 난감하기 때문에 고객을 피하는 경우도 의외로 많다. 그리고 거절을 많이 당해본 영업대표는 거절에 대한 부담감이 있다. 공황장애로 신경 안정제를 먹는 영업대표도 있다. 그래서 만나기 좋은 협력사와 친분을 맺고 고객 주변의 정보만 확인한다. 고객의 요구 사항을 직접 파악하기보다는 간접적으로 파악하는 것이다.

수주율은 영업대표가 고객 정보를 직접 얻느냐, 간접적으로 얻느냐에 따라 극명하게 달라진다. 정말 중요한 정보는 고객에게서 나온다. 협력사의 정보는 왜곡되었을 수 있기에 정확한 정보는 반드시 고객을 통해 확인해야 한다. 세부적인 부분까지 보다 가까이 고객의 요구 사항을 정조준해야 한다.

고객은 어떤 업체가 어떤 문제를 어떻게 해결해주길 원하는지 구체적으로 알고 있다. 그래서 관심 있는 업체에 사전에 요청하는 경우가 많다. 그리고 하나의 업체뿐 아니라 여러 업체를 경쟁시키고 견적을 비교한다. 그것이 발주자의 역할이고 리스크를 관리하는 하나의 방법이다. 프로젝트 견적은 제작 업체 상황에 따른 맞춤형 견적이므로 공식적이지 않고 회사마다 마진폭도 다르기 때문에 발주처 입장에서는 여러 회사에 견적을 의뢰하여 발주 견적을 유추하고 예상 비용 범위를 최적화하는 것이다.

고객은 이미 많은 분석을 통해 무엇이 핵심인지 알고 있다. 어떤 업체가 잘해줄 거라는 믿음도 있다. 발주처인 고객이 제안 업체보다 한층 더 많은 정보를 가지고 있는 것은 당연한 일이다. 사업 분석은 고객의 요구 사항이 절대적으로 필요한 대목이다. 영업대표는 이런 전반적인 상황을 알고 있어야 한다. 그렇게 수집한 정보가 영업 정보이다. 그 기간이 1년이 될 수도 있고, 3개월이 될 수도 있다. 조직이 크고 꼼꼼한 기관일수록 준비 기간이 더 길어지기도 한다. 당장 발주할 것처럼 급하게 준비하던 담당자가 내부 갈등으로 1년 뒤에야 발주한 경우도 있다.

또한 고객에게 앞서 문의한 경쟁 업체가 있는지도 물어야 한다. 영업대표는 사업에 참여하기 위해 견적을 뽑느라 바쁘다. 그래서 경쟁 업체의 동향을 무시하기도 한다. 특히 초보일수록 견적을 뽑는 데 신경을 날카롭게 세운다. 하지만 제안은 결국 경쟁사를 이기는 것이다. 그렇기에 경쟁 업체의 동향도 점검해야 한다.

고객은 발주하기 전에 많은 준비를 하고 무수하게 검토한다. 기관의 이슈와 부서 간의 이슈, 행정 부서의 요구 사항 등 해당 기관의 담당자는 수차례의 회의에 걸쳐 다양한 문제를 검토한다. 최종 구축이 어떻게 되어야 한다는 청사진이 그려져 있다. 그러므로 발주처 담당자를 만나 원하는 바를 들어봐야 다양한 관점에서 이슈를 접할 수 있다. 단지 제안요청서만 가지고 제안서를 쓰는 것과는 엄청난 차이가 있다. 고객에게서 모든 정보를 얻어내야 한다. 그래야 청

사진을 이해하고, 주어진 비용과 기간에 사업을 완료할 수 있다.

영업 활동은 매우 중요하다. 고객과의 접점에서 기회를 찾고 제안에 참여할지 말지 결정하기 때문이다. 안 되는 사업에는 참여하지 않는다. 될 것 같은 사업만 준비한다. 그것도 몇 개월 전부터 준비한다. 그러나 고객을 만나지 않으면 정보를 얻을 수 없다. 제안 경쟁에 참여할 준비가 안 된 상태에서 제출 일정이 다가온다면 승리를 장담할 수 없다. 오래 준비했다고 하지만 엄밀히 따지면 발주 소식만 듣고 있었던 것이다.

영업도 전략이 필요하다. 고객을 만나 동향을 살펴야 한다. 동향을 살피지 못하면 정보를 습득하기 위한 전략도 의미가 없다. 전략이 없다면 승리도 없다. 그저 경쟁 업체가 아닌 협력사와 견적만 논할 뿐이다.

고객의 요구 사항을 한 장으로 요약하라

고객과의 미팅과 사전 분석 내용이 있다면 한 장으로 핵심만 정리하여 관리한다. 한 장으로 축약하여 이슈와 고객의 요구 사항을 정리하고 우선순위를 나눠 관리한다. 제안요청서는 개요, 사업의 성격과 수행 범위, 제안서 제출 관련 서류와 평가 항목, 목차 등으로 구성된다. 핵심만 한눈에 파악하고 세부적인 것은 제안요청서를 보도록 정리하면 협업이 수월해진다. 제안요청서는 보통 60~80쪽 분량이므로 전부 꼼꼼히 읽어보지는 않고 대충 훑어볼 뿐이다. 그래서 핵심 사항만 별도로 추려 요약 정리한다. 해당 기관, 발주 공고일, 제안서 제출일, 제안서 쪽수, 요약본과 발표본 제출 여부, 제출 서류의 특이 사항, 유추되는 경쟁사, 개괄적인 전략은 어떻고 어떤 기회를 얻을 수 있는지 등을 정리하여 한눈에 볼 수 있도록 구성한다.

03 가망 없는 힘겨루기는 피하라

카카오의 김범수 이사회 의장은 "문제를 해결하는 능력보다 문제를 인지하는 능력, 문제를 정의하는 능력이 어마어마하게 더 중요하다"라고 인터뷰한 적이 있다. 그리고 자신의 성공 비결은 "문제를 정의하고 관점을 바꾸는 것"이라고 밝혔다. 문제를 찾고 인지하는 것, 예상되는 문제를 발견하는 것은 매우 중요하다.

제안을 준비하며 다양한 요구 사항을 진단하고 분석하여 문제가 없는지 검토한다. 문제를 알면 해결 방안은 자연스럽게 나온다. 어떠한 문제든 해결할 수 있다. 감당할 수 없는 문제는 고객에게 알려 해결 방안이 있는지 알아본다. 고객은 오랜 발주 준비로 해결 방안을 가지고 있는 경우가 많다. 만약 해결 방안이 없는 심각한 문제가 있다면 정정하여 다시 발주하기를 요청해야 한다. 그래도 방법이 없다면 참여를 포기하면 된다.

문제를 발견하면 해결 방안이 마련된다. 문제를 알고 있는 것만으로도 문제를 어떤 방법으로든 해결할 수 있다. 문제를 해결하기보다 문제를 발견하기가 더 힘들다. 프로젝트 수행 중에 예상하지 못했던 문제가 발견되면 큰 비용이 들 수밖에 없다.

문제는 처음부터 발견되지 않는다. 이미 인지된 문제라면 쉽게 공유하고 해결 방안을 만들 수 있다. 제안을 준비하는 것은 사업의 성공을 분석하는 것으로, 우리가 사업을 수행할 때 문제가 없는지 먼저 살피는 과정이다. 분석을 하면 할수록 점진적으로 구체화되고 문제가 명확해지는 것이 프로젝트다. 사업 참여를 준비한다면 우선 문제가 무엇인지 확인한다. "첫 단추를 잘 끼워야 한다"라는 속담처럼 시작을 잘해야 결과가 좋다. 잘못 끼웠다면 다시 끼워야 한다. 다시 끼우지 않고 단추를 맞추려면 시간이 배로 든다. 제안서 제출일을 며칠 남겨두고 대대적인 변경이 발생하기도 한다.

제안을 어떻게 준비해야 할지 막연하다. 아무리 봐도 가능성이 없어 보이는데, 영업대표는 경쟁에 참여하길 원한다. 어떻게 하면 좋을까? 될 가능성이 있는 사업에 참여하고 가능성이 없는 사업은 과감하게 포기하는 것이 다음 사업을 준비하는 데 이롭다. 물론 쉽게 포기하기는 어렵다. 영업대표와 팀장은 이미 참여 의사를 회사에 보고했고, 실적과 직결되기 때문에 쉽게 포기하지 않는다. 하지만 이길 수 없다면 포기하는 것도 능력이다. 면밀한 분석과 상황에 대한 이해를 돕기 위한 정보를 공유하여 타당성과 근거를 바탕으로 포기를 설득한다.

이기는 제안을 선택하면 승률이 올라간다

이순신 장군은 23전 23승으로 승률 100퍼센트이다. 이길 수 있는 싸움만 하고 불리한 싸움은 하지 않았다. 불리한 지형이면 빨리 치고 빠지는 전략으로 싸웠다. 결코 지지 않는 전투를 한 것이다. 제안도 마찬가지다. 이길 수 있는 제안과 지는 제안을 선별할 수 있어야 한다. "무조건 이긴다!"는 이야기를 믿어서는 안 된다. 열정과 현실은 차이가 있기 때문이다.

당연한 이야기지만, 경쟁에서 이기려면 이길 수 있는 사업에 참여해야 한다. 승리는 고객의 요구 사항을 면밀히 분석하는 데서 시작된다. 분석 단계에서 우리가 할 수 있는 사업인지, 이길 수 있는 전략이 있는지, 경쟁사가 어디인지를 면밀하게 따져 성공 전략을 만들어야 한다. 성공하는 제안은 우선 고객이 무엇을 원하는지 이해한다. 그리고 우리가 무엇을 제공할 수 있는지 이해한다. 마지막으로 경쟁자가 어떻게 준비하는지 예상하고 경쟁자를 이기는 전략을 수립한다.

전략은 사업을 성공적으로 수행하기 위한 것이다. 미래에 일어날 일을 어떻게 할 것인지 계획을 세우는 것이 전략이다. 전문 인력과 최적의 솔루션을 선정하고 원하는 것을 명확히 해결해주는 것이다. 그러나 입찰에는 경쟁자가 있다. 최소 두 개 이상의 업체가 참여한다. 단독으로 입찰하면 좋겠지만 그런 경우는 많지 않다. 그렇다면 누가 사업을 더 잘 수행할 수 있는지 차이를 강조해야 한다. 단순히 솔루션을 제공하여 문제를 해결하는 것에서 한 발 더 나아가 문제를 어떻게 더 잘 해결해줄 것인지 고민하여 더욱 구체화되고 차별화된 제안을 해야 한다.

04 기회를 찾는 것은 영업의 능력이다

제안에 참여하기 위해 여러 사업을 검토하는 것이 영업이다. 시간이 넉넉한 제안부터 시간이 촉박한 제안까지 다양하다. 경험이 부족한 영업대표는 촉박한 일정을 알면서도 당장 참여하고 싶어 한다. 경쟁 업체가 보잘것없는 약한 업체라도 미리 준비하고 자리를 지키고 있다면 이길 만한 방안을 찾아야 한다. 경쟁 업체가 만만하다고 급조된 제안으로 참여하는 것은 실패를 맛보기에 딱 좋다.

제안에 참여할 준비가 되어 있어도 일정이 촉박한 제안은 피하는 것이 좋다. 그리고 사업 범위와 기간, 입찰 가격에 문제가 없는지 고려한다. 마지막으로 경쟁 업체를 분석하고 승산이 있는지 판단하여 승산이 보이면 참여해야 한다. 제안도 가능성 있는 제안을 해야 하며, 사전 승률 분석으로 승률이 낮은 사업은 참여를 신중히 검토하여 인력과 자원 낭비를 최소화한다.

제안 마감일을 확인하고 촉박한 일정은 피한다

제안을 준비하는 기간이 얼마나 되는지 확인한다. 충분한 준비 기간에 대한 원칙이 있어야 한다. 기간이 촉박하면 참여하지 않는 편이 바람직하다. 준비 기간이 짧을수록 승률은 떨어진다. 촉박한 일정으로 준비해서 좋은 결과를 본 경우가 없다. 운에 맡기는 것은 위험하다. 충분한 시간과 준비로 제안에 임한다. 단기간에 제안을 준비해서 사업을 수주하겠다는 생각은 그저 운에 맡기는 것일 따름이다.

요구 사항에 맞추는 제안만으로는 무조건 실패한다. 일정이 촉박하면 문서 작성에 전력투구하게 되고, 그러면 특색 있는 제안이 나오지 못한다. 수주할 확률이 높아도 기간이 촉박하면 경쟁하는 데 무리가 있다. 성공할 수도 있지만, 기본적인 상황을 판단하려면 준비 기간이 중요하다. 예를 들어 15억짜리 사업인데 제출 일정이 2주 밖에 안 남았다면, 2주 만에 제안서와 요약본, 발표 자료를 만들어야 하고 고객 미팅도 가져야 한다. 고객 미팅을 하면 결과는 뻔하다. "왜 지금 왔냐?"는 식이다. 비협조적인 게 당연하다. 이미 다른 업체와 협의를 끝내고 입찰일만 기다리는데, 다른 업체가 들어와서 사업을 문의하니 추가 업무가 발생한 것이다. 이런 상황이라면 이미 버스가 떠난 뒤다. 안 되는 사업을 포기하는 것도 능력이다.

우리가 할 수 있는 사업이라도 기간이 촉박하다면 이미 다른 경쟁 업체에서 제안을 준비하고 있을 가능성이 크다. 고객도 이미 사전에 협의한 업체와 함께 사업을 진행하길 원한다. 또 이미 준비된 업체와 이제 시작하는 업체는 차이가 크다. 늦게 시작하면 약점을 많이 가지고 시작하게 된다.

영업대표의 상황은 다양하다. 한 기업에 오래 근무한 영업대표가 많지 않고, 새로 들어왔거나 엔지니어로 있다가 영업으로 옮긴 지

얼마 안 된 경우가 많아서 대개는 기술 영업에 대한 이해가 부족하다. 특히 영업 환경에 익숙하지 않은 영업대표는 다양한 경험이 있어도 실주가 당연한 사업에 욕심을 부린다. 20년 된 영업 전문가도 일정이 촉박한 제안에 참여하길 원할 때가 많다. 그래서 제안에 참여하지 않는 결정은 신속히 해야 한다. 포기하는 것도 실력이기 때문이다.

TiP

제출 기간이 촉박한 사업에 참여하면 안 되는 이유

제안 기간이 촉박하면 실패할 확률이 현저히 높아진다. 성공률이 10퍼센트면 높은 것이다. 10퍼센트를 위해 나머지 90퍼센트를 떨어져야 한다는 건 시간 낭비, 인력 낭비다. 실주가 많으면 퇴사율이 높아진다.

제안 기간이 촉박한 사업을 요청하는 일이 아주 빈번하다. 이런 경우다. 영업대표는 실적에 목말라 있고, 협력사는 준비가 되어 있으니 컨소시엄으로 참여하자고 요청한다. 실적이 저조하면 조급증이 생기고 화를 자초한다. 일단 눈에 보이는 것은 다 참여하고 싶어 한다. 실패를 만회해야 하기 때문이다.

특히 새로 채용된 영업대표는 눈에 보이는 것을 쫓기 때문에 이런 사업을 많이 가져온다. 실주를 한 경험이 있으면 당장 매출이 필요하기 때문에 눈에 보이는 것부터 참여하려 한다. 사전 준비라는 것이 없다. 그냥 참여한다고 선언해버린다. 승리할 수 있냐는 질문에는 '도전'이라고 답한다. 그리고 정주영의 "이봐! 해보기나 했어?"라는 말로 은근히 압박한다.

이런 경우는 실패할 가능성이 굉장히 높다. 수익만 따지고 접근하기 때문이다. 제안 비용을 줄이는 것과 수주했을 때의 마진만 생각하고, 실적을 올리는 데만 급급하기 때문이다. 영업대표는 항상 실적의 압박을 받는다. 실적이 풍부한 노련한 영업대표는 이런 촉박한 일정의 제안을 준비하지 않는다.

승산이 있는지 사업 범위와 이슈를 살핀다

자사가 참여할 수 있는 과업 범위와 이슈가 있는지 살핀다. 영업대표는 우리가 하지 않는 사업을 가져오는 경우가 많다. 예를 들어 전문성이 필요한 시스템 구축 사업에는 특화된 솔루션으로 특화된 사업을 하는 업체들이 참여한다. 그런데 대개 이런 업체들은 규모가 작기 때문에 영업대표들이 작은 회사와 경쟁해서 이기려고 욕심을 부린다. 솔루션을 가지고 있지 않아도 유사 시스템 구축 사업이니 참여하기를 희망한다. 이런 경우에도 승률은 떨어지나 가능성은 검토해봐야 한다. 아무리 규모가 크더라도 사업을 성공적으로 수행할 능력과 실적이 있는지 검토한다. 실적과 인력이 있고 컨소시엄이나 아웃소싱으로 협력사를 잘 포진해 나간다면 참여할 수 있다. 만약 아니라면 과감히 포기해야 한다.

영업대표들끼리 발주가 예상되는 사업을 미리 선점하기 때문에 새로 들어온 영업대표는 참여할 사업이 많지 않다. 그러니 새로운 시장을 개척한다는 생각으로 회사 본업과 거리가 있는 사업에 욕심을 부린다. 새로운 시장에 참여하려면 별도의 준비가 필요하다. 하지만 실적에 목말라 있는 영업대표는 준비가 부족해도 참여하려 한다. 이런 경우는 승률이 매우 낮다. 승률이 낮은 것은 안 된다고 명확하게 말해야 한다. 그래야 시간과 인력의 낭비를 막을 수 있다.

일단 사업의 성격이 우리가 참여해도 되는 사업인지 살펴본다.

이전에 했던 사업과 동일한 내용인지, 아니면 새로운 사업이라 검토할 내용이 많은지를 본다. 검토 사항이 많으면 숨어 있는 이슈가 많을 수 있다. 이슈를 발견하고 자문을 구하고 구체적인 해별 방안을 검토한다. 사업의 범위와 사업 수행 기간, 가격 등을 종합적으로 살핀다. 세부적인 기술 사항은 제안서를 쓰면서 더 구체적으로 살펴본다. 그리고 참여할 수 있는 사업이라면 승률을 검토하기 위해 경쟁사를 확인한다.

경쟁 업체를 예상하고 분석한다

사업의 성격을 보면 어떤 업체가 입찰에 참여할지 알 수 있다. 유사 사업에 어떤 업체가 포진되어 있는지도 확인할 수 있다. 업체마다 주로 참여하는 종목이 있고, 특화된 솔루션에 해당하는 사업에 참여하기 때문이다. 선두 업체와 후발 업체로 구분해 예상 경쟁 업체의 목록을 작성해야 한다.

다양한 방법으로 경쟁 업체를 유추해볼 수 있는데, 먼저 공공 조달 사이트인 나라장터에서 유사 사업의 입찰 결과를 살펴볼 수 있다. 입찰 결과에는 어떤 업체가 입찰에 참여했는지, 누가 수주했는지, 평가 점수와 입찰가는 얼마인지 등이 투명하게 공개되어 있다. 경쟁 업체는 대부분 매번 경쟁하는 업체들이다. 간혹 컨소시엄에 주요 경쟁 업체가 숨어 있는 경우도 있다. 또 해당 기관의 관련 사업도 확인해본다. 해당 기관을 잘 알고 있는 업체는 사전에 발주 정보를 토대로 사업을 준비하고 컨소시엄으로 들어오는 경우가 많다. 그러므로 유지보수 업체와 최근 수주한 업체, 실주한 업체를 놓고 참여 가능성이 엿보이는 업체는 별도로 관리해야 한다. 고객과 미팅을 해오고 있는 업체라면 언제든 참여할 수 있으므로 모든 가능성을 열어둔다.

경쟁사를 파악하는 방법

- 동종 업체의 참여 여부를 살핀다.
- 어떤 업체가 제품 견적을 의뢰했는지 파악한다.
- 고객을 통해 사업 참여를 표명한 업체가 있는지 확인한다.
- 주요 협력사를 통해 정보를 확인한다.
- 나라장터를 통해 유사 사업에 입찰하고 수주한 업체를 분석한다.
- 해당 기관의 최근 1년간 모든 입찰에 참여한 업체들의 동향을 살핀다.

05 골든타임 한 방에 승률이 올라간다

케이블 TV에서 방영하는 〈슈퍼스타 K〉라는 인기 프로그램이 있다. 해마다 〈슈퍼스타 K〉는 대단한 인기를 끌며 매회 화제가 되었다. 2016년 방송도 다르지 않았다. 김영근이라는 무명 가수를 내세워 처음부터 큰 인기를 끌었다. 첫 방송에서 〈Lay Me Down〉이라는 노래를 부른 그는 '지리산 소울'이라는 별칭으로 불리며 큰 기대감을 심어줬다. 이후로는 1회 때만큼 큰 감동은 주지 못했지만, 결국 김영근은 그해 〈슈퍼스타 K〉에서 1위를 차지했다. 처음에 임팩트를 어떻게 주느냐에 따라 기대 심리가 생기고 시선을 끌게 된다. 무관심한 시청자들을 흡입하는 계기를 만들고 몰입하게 만든다.

발표도 이와 유사하다. 도입부에서 어떤 인상을 남기느냐에 따라 바라보는 청중의 평가가 달라진다. 처음에 강한 인상을 남기는 소재로 시작한다면 청중의 날카로운 시선을 호의적인 시선으로 바꿀 수 있다. 첫 목소리만 듣고도 발표자가 자신감이 있는지, 준비가 충분히 되었는지 판단할 수 있다. 5초면 충분하다. 전문가들에 따르면 외모, 표정, 목소리 등의 요소를 종합해서 우리는 대개 5초 안에 첫인상을 판단한다고 한다.

적막이 흐르는 첫 5초 만에 평가자의 태도에 변화가 생긴다. 5초 만에 이미 평가자는 판단을 한다. 그 5초가 골든타임이다. 평가자는 이 발표를 집중해서 들어야 할지, 아니면 평범한 발표니까 그냥 평가지나 봐야 할지를 처음 5초 만에 판단한다. 평가자는 준비가 덜 되었다고 느끼면 첫 소절부터 고개를 절레절레하며 평가지에만 시선을 둔다. 반면 시작부터 좋은 인상을 심어주는 발표는 분석이 잘된 제안이라고 판단한다.

그렇다면 어떻게 해야 첫인상을 좋게 할 수 있을까? 몰입도를 높이는 도입부 전략을 소개한다.

요약만 잘해도 통찰력이 보인다

제안 요청은 처음에는 쉽게 이해되지 않는다. 분석을 통해 사업 방향의 감을 잡기 시작한다. 특히 IT 업종은 기술이 빨리 변하고 종류도 다양하기 때문에 방대한 요구 사항이 주어진다. 방대하고 복잡한 내용일수록 간단하게 정리하는 것이 핵심이다. 핵심 단어를 포함한 한 줄의 요약된 문장이 통찰력 있는 모습을 보여준다.

특히 성공 요소와 전략을 차별화하여 핵심 메시지를 보여준다. 그리고 후반으로 갈수록 준비된 이슈와 문제 해결 방안을 구체적으로 제시하고 기술적인 내용을 바탕으로 해결 방안을 제시한다. 그리고 맺음말에서 마지막으로 강조하며 마무리한다.

제안의 전체 콘셉트를 도입부에서 주장한다

처음부터 평가자에게 강한 펀치를 한 방 날린다는 생각으로 도입부를 준비한다. "핵심 내용은 ○○ 입니다"라고 명확하게 메시지를 던지고, 설득하기보다는 주장하는 한 방이 필요하다. 그런 다음 반드시 요구 사항과 연결된 설득과 증명으로 주장을 뒷받침한다. 도입부에 모든 역량을 집중해 사업의 중요성을 강조하고 효과를 극대화할 때 평가자의 관심을 유도할 수 있다. 평가자의 관심과 주목은 좋은 점수를 받을 기회가 된다.

사업을 준비할 때부터 도입부를 어떻게 할지 준비한다. 도입부를 통해 평가자의 관심을 유도하고, 평가자가 끝까지 몰입할 수 있도록 첫 단추부터 튼튼하게 끼우는 것이다. 첫 단추를 잘 끼워야 이후 발표하기가 쉬워진다. 좋은 흐름을 이어가는 데 유리한 위치에서 발표하게 된다.

평가자가 판단해야 할 기준을 나열하라

보통 7~8명인 평가자는 모두 자신만의 기준으로 제안을 이해하고 바라본다. 그중에는 핵심이 무엇인지 명확히 판단하는 평가자도 있지만, 막연하게 판단하는 평가자도 있다. 그래서 평가자가 판단해야 할 기준을 도입부에 제시해주면, 경쟁 업체와의 차별점을 강조할 때 평가자가 비교 우위의 점수를 줄 수 있다. "우는 아이 젖 준다"라는 속담처럼 제안의 우수성을 강하게 주장하면 점수를 안 줄 수가 없다. 조금이라도 더 점수를 받을 수 있게 된다.

예를 들어 평가나 중요한 결정을 위한 보고에서 제안을 한다면 처음부터 강한 인상을 심어줄 수 있다. 판단 기준을 제시하여 평가자가 취해야 할 내용을 먼저 설명하고, 그렇기 때문에 우리가 더 우수하다고 명확한 기준을 제시하며 타당하게 주장한다.

06 뒤집기는 질의응답에서 결정된다

먼저 들어간 경쟁 업체가 발표장에서 나오지 않는다. 시간이 지연되고 있어 감독자의 허락을 받고 발표장에 가보았다. 발표장 벽 너머로 소리가 들린다. 경쟁 업체는 아직도 평가자에게 열심히 답변하고 있다. 평가자의 계속되는 질문에 아직도 끝나지 않은 것이다. 발표자는 진땀을 흘리며 답변하고 있었고, 그렇게 한동안 질의응답이 이어졌다. 평가자들은 중요하지 않은 것에 대해 계속 구체적인 질문을 하고 있었다. 아마 발표 시 중요하지 않은 것을 잘못 강조한 모양이다.

　제안서도 잘 작성하고, 발표를 통해 설득도 잘해야 한다. 그런데 평가 점수에 가장 많은 영향을 주는 것이 질의응답 시간이다. 질의응답은 주관적인 평가로 점수 차이가 크게 나는 항목이다. 평가자는 궁금한 것을 질문하고 발표자는 답변한다. 그런데 답변을 제대로 못 하거나 동문서답하는 경우가 많다. 제안요청서를 잘 분석하고 제안 전략을 잘 숙지하지 못했다면 답변이 산으로 가기도 한다. 더구나 발표만 잘하는 전문 발표자의 경우 발표를 통해 평가자를 사로잡았다 하더라도 질문에 제대로 답변을 못 하면 좋은 점수를 받지 못한다.

　또 숨겨진 중요 이슈에 답을 잘 못 한다면 이슈를 이해하지 못한 것이다. 경쟁사는 해결 방안을 제시했는데 우리는 해결 방안을 제시하지 않았다면, 평가자는 경쟁사가 잘못 표기한 건지, 아니면 우리 업체가 모르고 누락한 건지 확인하기 위해 질문하기 마련이다. 준비를 더 잘한 사람일수록 유리한 것이 질의응답 시간이다.

제안서보다는 질의응답에 집중하라

제안서 작성에는 노력이 많이 든다. 그래서 제안서를 먼저 작성하고 요약서, 발표 슬라이드 순으로 일정을 짜게 된다. 제안서는 보통 200쪽 이상의 분량이 요구되기 때문에 분야별 핵심 내용이 아니라 정확한 스펙과 세부 내용, 세세한 부분까지 신경 써서 누락되지 않도록 채워 넣어야 한다. 그렇게 제안서 작성이 끝나면 일정에 맞춰 요약서와 발표 슬라이드를 급하게 끝낸다. 하지만 방대한 양의 제안서를 평가자가 다 읽어볼 수 없다는 사실을 명심해야 한다. 정말 중요한 것이 무엇인지 모두 살펴볼 여력이 없기 때문이다.

점수를 조금이라도 더 받으려면 평가자 중심의 제안이 중요하다. 그래서 제안서보다 질의응답과 제안 발표에 집중하는 것이 좋다. 평가자가 중요하게 생각하는 것을 먼저 강조할 때 집중과 몰입도를 높여 평점을 높일 수 있다. 발표장에 있다고 생각해보자. 평가자는 제안 내용을 면밀히 분석하지만 많은 양을 세세하게 파악하지는 못한다. 중요한 내용이 제안서에 기술되어 있어도 찾지 못하면 물어본다. 어디에 있다고 알려주면 그제야 알게 된다. 평가자는 발표 현장에서 발표자의 설명과 설득, 질문에 대한 답변을 보고 판단한다. 내용이 얼마나 경쟁력 있고 우수한지를 판단하고 평가한다. 주관적인 평가는 상대평가일 수밖에 없다. 제안 업체 모두 비슷한 제안을 한다면 점수 차이가 크지 않을 것이고, 심각한 문제가 있다면 점수를 낮게 줄 것이다.

제안서는 참고도서다

제안서는 제안요청서를 잘 분석하여 작성한다. 중요한 곳은 강조하고 부족한 부분은 기본적인 내용으로 정리한다. 200쪽짜리 제안서는 참고도서 같은 역할을 한다. 요구 사항에 준하는 내용은 모두 제안서에 포함해야 한다. 평가자는 발표 슬라이드, 요약본을 먼저 보고 세부적인 정보는 제안서를 펼쳐보고 확인한다. 그래서 중요하기도 하지만 평가자가 보는 빈도는 낮다고 할 수 있다. 요구 사항을 구체적으로 충실히 반영하고 제안 전략을 제대로 녹여 넣기만 했다면 제안서의 역할은 끝난다.

제안서는 증명 자료를 기반으로 하고, 발표 자료와 질의응답은 제안서 내용을 재가공하여 평가자를 설득하는 도구로 활용한다. 결국 평가자와 만나는 접점에 있는 것은 발표와 질의응답이고, 발표자료와 요약본이다. 쉬플리코리아 김용기 대표는 《최강 영업대표》에서 성공하는 제안의 우선순위는 "질의응답 > 프레젠테이션 >

PT 슬라이드 > 제안 요약서 > 제안서" 순이라고 이야기한다. 질의응답에서 평가 점수 차이가 크게 나고, 제안서에서는 점수 차이가 크지 않기 때문이다.

답변을 잘하는 방법

간혹 예상치 못한 질문을 받을 때가 있다. 그러면 식은땀이 나고 당황하게 된다. 예상치 못한 질문 앞에서는 자신감 있게 이야기하는 것만이 승부수다. 평가자가 황당한 질문을 할 때도 많은데, 경쟁업체가 특이한 주장을 하는 바람에 제안 범위를 혼동하기도 한다. 평가자도 사람이기에 자신이 흥미로워하는 부분에 집중한다. 그러므로 질의응답 시간을 잘 활용해 이해시키고 차별화로 승부를 걸어야 한다.

좋은 점수를 받기 위해서는 열심히 하는 것만으로는 부족하다. 비중이 높은 부분을 선별해 그 부분에 집중해야 한다. 중요도가 높은 곳에 집중하는 것이다. 그래서 결정적인 승부처인 질의응답에 잘 대응하는 것이 중요하다. 그렇다면 질의응답을 잘하는 방법은 무엇일까?

첫째, 제안 전반에 대한 이해가 높아야 한다. 당연한 이야기지만 그래야만 설득력을 높일 수 있다. 또한 관련 없는 질문의 함정에 빠지는 것을 방지할 수 있다. 이해도가 높지 않으면 모든 질문에 답해야 한다는 부담감이 생긴다. 관련 없는 질문은 참고하겠다는 말로 마무리 짓는 것이 좋다. 그러려면 먼저 전반적인 수행 범위를 이해하고 있어야 한다.

둘째, 사업의 주요 핵심 사항을 요약 정리할 수 있어야 한다. 그렇게 하기 위해서는 발표 슬라이드 시나리오를 직접 준비하고 기획하며 제안 전략을 이끌어야 한다. 고객에 대한 이해도 높아야 한다. 평가자가 항상 물어보는 질문이 있다. "이 사업에서 가장 중요한 것이 무엇이라고 생각하는가?" "이 사업의 핵심(이슈)이 무엇인가?" 종합 정리하는 차원에서 물어보기도 하고, 발표자가 핵심을 이해하고 있는지 파악하기 위해서 물어보기도 한다.

셋째, 연습이 중요하다. 혼자 연습하는 것이 아니라 누군가가 계속 질문을 하며 핑퐁 게임을 하는 것이 좋다. 즉시 답변할 수 있도록 준비하고 답변이 술술 나오도록 연습해야 한다.

넷째, 제안과 관련된 신기술 트렌드에 대한 이해가 있어야 한다. 향후 활용 방안, 프로젝트 진행 후 개선 사항 등을 준비해야 한다. 교수들은 이런 트렌드를 이해하고 싶어 하기 때문이다.

07 고객의 길목을 먼저 지켜라

경쟁하지 않고 이기는 방법이 있다면 영업대표는 얼마나 행복할까?

그냥 우리에게 넘어오는 일은 바로 수익으로 이어지는 만큼 매우 좋은 아이템이다. 차별화되고 독보적인 제품이 있다면 그런 기회가 자주 올 수 있다. 하지만 언제나 경쟁자는 있고, 서로 잘한다고 주장한다. 항상 "이 사업은 우리가 수주할 수밖에 없어"라고 주장할 수 있는 사업은 거의 없다. 그럼에도 경쟁하지 않고 이기는 일은 자주 있다.

시작은 고객을 아는 것에서 출발한다. 고객의 발주 정보를 먼저 확인한다. 시스템 개선과 신규 구축에 대한 이야기는 자주 논의된다. 이런 정보를 접수한 영업대표는 사전에 고객의 요구 사항과 기대 효과를 파악해 미리 준비를 시작한다. 경쟁하지 않고 이기는 방법은 다양하다. 발주 전에 제안 준비를 끝내면 경쟁에서 이기는 포지션을 구축할 수 있다. 그 예를 몇 가지 소개하겠다.

고객의 요구 사항과 가치를 선점하라

고객을 먼저 알면 유리한 점이 많다. 시장을 선점하여 경쟁사가 진입하는 경로를 차단할 수 있다. 고객의 요구 사항을 알면 어떤 솔루션이 필요하고 무엇을 선행해야 하는지 알 수 있다. 발주 전에 미리 사업을 준비하고 제안 경쟁력을 구축하는 것이다. 예를 들어 제품을 선점하면 선호하는 제품의 납품 가격을 경쟁사보다 저렴하게 제공받을 수 있다. 그러면 일단 공급 가격에서 유리해진다. 또 고객이 필요한 제품을 먼저 준비할 수 있고, 협력사를 포섭할 수 있다.

한편 경쟁사의 제안 참여 동향을 파악하여 유리한 위치에서 사업을 파악하고 분석할 수 있다. 미리 준비하면 경쟁 우위를 선점하여 유리한 위치에서 제안을 준비할 수 있고, 우리가 선점했음을 경쟁사에 알려 참여 의지를 꺾음으로써 제안에 참여하지 못하게 할 수도 있다. 고객과 무수한 의견을 교환하다 보면 제안의 배경을 명확하게 알 수 있으므로 해결 방안을 먼저 제안한다.

핵심 솔루션을 독점하라

사전에 고객의 가치에 부합하는 특화된 제품을 선점한다. 이때 해당 사업을 가장 잘 알고, 없어서는 안 되는 협력 업체를 선점하여 독점적 관계를 맺는다. 그러면 유사 업체가 있다 하더라도 경쟁 업체가 사업에 최적화된 업체를 찾기는 쉽지 않다. 또 협력 업체가 이미 해당 사업에서 핵심 역할을 담당한다면 교체가 쉽지 않기 때문에 자사의 제안에 설득력을 높일 수 있다.

특정 제품이 절대적으로 필요한 경우도 많은데, 제안요청서에서 경쟁 우위에 있는 제품을 선택하도록 하고 특정 제품만 취급하기도 한다. 이때는 제안요청서를 발주하기 전 납품 사양에 특정 기준을 적용하여 해당 제품만 납품하도록 한다. 특정 기준에는 고객 가치에 부합하는 각종 인증서나 특정 기능 등이 있다. 하지만 요즘은 사전규격에서 독소 조항을 찾아 없애는 추세이므로 제품보다는 특정 협력사를 공략하는 편이 더욱 확실하다.

유리한 위치를 선점하라

긴급을 요하는 사업이 있다. 이미 고객의 요구 사항을 이해하고 사업을 바로 진행할 준비가 끝나서 발주 절차를 기다릴 필요가 없을 때이다. 이럴 때 사업 공지를 긴급 요청해 경쟁사가 분석할 시간을 줄여 불참을 유도한다. 만약 참여하더라도 분석할 시간이 없다면 제안서는 평범한 내용이 되기 십상이다. 고객을 선점하면 사업의 주인이 될 수 있다. 이미 준비된 업체와 신속하게 진행하기를 원한다면 발주를 긴급 제안하고 사업 수행 기간을 짧게 설정해 당장 진행해야 하는 사업으로 만든다.

사업에 적합하고 또 고객과 유대 관계가 있는 협력사를 선점한다면 이는 막강한 전략이 된다. 협력사도 경쟁에서 이길 것 같은 업체를 선별한다. 협력사에 먼저 관심을 보이고 제안하면 우선순위에 오를 수 있다. 경쟁 우위를 선점하면 여러 협력사가 함께하자고 제안해온다. 시장 상황을 보고 유리한 업체에 제품을 제안한다. 그러면 애써 다양한 제품을 찾지 않아도 된다. 단지 제품을 소개받고 제안에 적합한 제품을 선택하기만 하면 된다. 경쟁에서 유리한 위치를 선점하면 승률은 훨씬 높아진다.

선행 사업에 참여하라

시스템 통합 구축의 경우 처음부터 개발 사업을 크게 진행하지 않는다. 처음에는 작은 규모로 시작해 기본적인 시스템을 구축한 뒤 2차 고도화 사업을 진행한다. 시스템의 성격과 구축 내용을 모르면 2차 고도화 사업에 참여하기가 무척 힘들다. 그래서 규모가 작고 금액이 적은 사업이라도 시작하는 사업에 미리 참여하여 수행하는 편이 좋다.

1차로 구축한 시스템은 개발했던 회사가 당연히 더 많이 알고 있으므로 계속 고도화하여 진행하는 것이 유리하다. 개발자별로 프로그램을 이해하는 범위가 다르고, 다른 업체에 인수인계하고 시스템 현황을 이해시키는 데 시간이 많이 걸린다. 그러므로 기존에 시스템을 구축했던 업체가 세부적인 내용을 쉽게 개선할 수 있다. 시스템의 개선과 기능 보완 등 개발 사업의 이슈는 애초에 시스템을 구축한 업체가 명확하게 알고 있으며, 타 업체는 시스템에 접속하지 않는 한 분석하기 어렵다. 그래서 유찰되는 경우도 많은 만큼 1차 사업에서 시스템을 구축하면 2차 고도화 사업에서 보다 유리한 위치를 선점할 수 있다.

이렇듯 다양한 방법을 통해 기회를 확고히 할 수 있다. 그러나 이런 준비 작업은 생각처럼 쉽지 않으므로 제안을 준비하기 전부터 사전에 영업 안테나를 넓게 멀리 펼쳐놔야 한다. 경쟁 업체가 해당 사업을 알기 전부터 선점하고 고객과의 유대 관계를 항시 유지하며 기회를 확인한다. 평소 컨설턴트로서 고객의 궁금증을 해결하고 방향을 제시할 준비가 되어 있어야 한다.

TiP

실패하는 제안과 성공하는 제안

실패하는 제안	성공하는 제안
고객보다 협력사에 물어본다.	고객을 만나 직접 물어본다.
고객의 제안요청서를 충실히 반영한다.	고객의 제안요청서를 만들어준다.
제출 전까지 솔루션을 검토한다.	솔루션을 먼저 확정한다.
포기하지 않는다.	되는 사업만 참여한다.
평가표를 참고한다.	평가표를 분석해 제안의 기준으로 삼는다.
제안 요청 공지 후 시작한다.	제안 요청 공지 이전에 시작한다.
제안요청서가 전부다.	고객을 만나 다양한 관점을 이해한다.
제안서 작성이 끝난 뒤 발표를 준비한다.	제안서 작성과 병행해 발표 연습을 한다.
제안서를 열심히 작성한다.	슬라이드와 요약서를 먼저 작성한다.

이것만
알면
당신도
전략가

PART
3

전략은 제안의 시작과 끝이다. 전략이 빠지면 제안서는 그저 설명서일 뿐이다. 필요할 때 꺼내 보는 설명서이다. 전략은 미래에 일어날 일을 어떻게 실행할 것인지 계획하는 것이다. 전략은 처음부터 쉽게 나오지 않는다. 면밀한 분석을 통해 전략을 수립한다. 처음에는 큰 그림에서 고객을 중심으로 경쟁 상황만 나열하고 그 상황에 맞는 전략을 수립한다. 최종 전략은 마감일 이전에 확정하고 구체적 방안을 수립한다.

제안은 무수히 많은 전략을 이끌어낼 수 있다. 하지만 전략을 수립하지 못하는 사람도 있다. '헛소리'라고 치부되지 않으려면 전략의 성격과 종류를 구분할 수 있어야 한다. 전략 수립은 고객의 현상황과 구축 이후 만족할 수 있는 기대 효과 사이의 범위를 좁히기 위함이다. 우선 고객의 요구 사항과 자사가 제공하는 서비스 방향이 일치하는지 검토한다. 그리고 구체적 사실을 바탕으로 요구 사항을 문제없이 실현할 수 있는지 검토한다. 예를 들어 경험이 풍부한 전문 인력, 주요 실적의 유사 경험, 안전한 사업 관리, 회사의 신뢰도 등 사업을 수행하는 데 필요한 다양한 사항을 고려한다. 그리고 이슈를 정의하고 해결 방안을 도출하여 성공적인 사업 수행이 되도록 구성한다.

프로젝트 수행 전략은 고객이 원하는 목표를 달성하기 위한 전략이다. 그런데 경쟁에는 항상 경쟁자가 있다. 고객이 원하는 목표를 누가 더 잘 수행할 수 있는지 경쟁하는 것이다. 자사 솔루션의 장점을 극대화하고 단점은 약화하여 경쟁사의 전략보다 우위를 점해야 한다. 전략은 없는 것을 새로 만드는 것이 아니다. 이미 있는 가치를 발견하고 재창조하는 것이다.

지금부터 전략의 네 가지 흐름을 살펴볼 것이다. 전략을 논하는 경제학자들을 중심으로 네 가지 전략 학파가 형성되어 있다. 전략은 기업의 생존 전략을 중심으로 발전해왔다. 전략은 제안에서 특히 더 중요한데, 하나의 전략만으로는 성공하기 어렵다. 상대의 전략이 예상될 때 다른 대안을 제안할 수 있기 때문이다.

01 최적의 전략이 최고의 전략이다

전략은 곧 상대의 전략을 읽고 대응하는 반전 전략이다. 상대방의 환경을 이해하고 상대의 허점을 찔러 극적으로 이기는 전략이 필요하다. 또 차별화 전략이 있다. 더 나은 제품, 더 나은 환경, 블루오션 등 누구도 범접하지 못하는 전략이다. 그러나 경쟁사를 상대로 한 전략만을 생각한다면 전략 수립이 어려워진다. 고객 가치를 실현하기 위한 전략에 집중해야 한다. 핵심은 고객이 원하는 것을 누가 더 잘 수행할 것인가이다. 즉, 고객의 요구 사항을 잘 분석해서 목표를 향해 성실히 나아가는 것이 기본이고 핵심이다. 이를 위해 전략이 필요한 것이다.

장기적으로는 경쟁사의 동향을 살펴 응수하는 전략을 사용하기도 한다. 막연히 SWOT 분석을 통해 기회와 강점, 약점만 논하는 것은 매우 협소한 의미의 전략일 뿐이다. 그것은 전략을 수립하기 위한 도구 중 하나에 불과하다. 전략적 사고를 키우려면 그러한 도구를 넘어서서 전략을 바라보는 관점을 가져야 한다.

네 가지 전략

경영 컨설턴트인 하라이 다카시는 《1등의 전략》에서 MIT에서 배운 내용을 바탕으로 네 가지 전략 학파를 소개한다. 이들 네 학파를 중심으로 전략은 발전해왔고, 모두 중요한 전략으로 활용되고 있다. 네 가지 전략은 각각 계획, 창발, 포지션, 자원을 중심으로 발전해왔다.

먼저 "전략은 계획이다"라고 주장하는 앤소프H. Igor Ansoff파는 전략 계획 수립을 중시하는 학파다. 앤소프파는 상명하달식의 톱다운Top-Down 방식을 주장하며, 전략 수립의 중요성을 강조한다.

둘째로 "전략은 계획이 아니라 창조적인 발상이다"라고 주장하는 민츠버그Henri Mintzberg파는 의도치 않은 행동과 학습 과정에서 생긴 패턴 형성을 중시한다. 민츠버그파는 현장에서 일어나는 창조적인 발상을 중요시하며, 숙련된 중간관리자를 중심으로 기업의 환경과 변화에 적응하고 문제 해결의 새로운 기회를 잡아가는 전략을 강조한다.

셋째로 "전략은 포지션이다"라고 강조하는 포터Michael Eugene Porter파는 자사를 외부 환경에 어떻게 포지셔닝할 것인가를 중시한다. 포터파는 '어떻게 외부의 유리한 포지션에 자신을 놓을 것인가'를 강조하는데, 경쟁 전략의 대가인 하버드 대학의 마이클 포터는 '비용 리더십, 차별화, 집중화'의 세 가지 기본 전략을 제시한다.

끝으로 "전략은 회사의 자원이다"라고 주장하는 바니Jay Barney파는 자사가 보유한 독자적인 경영 자원이 경쟁 우위를 구축할 것이라 믿는다. 전략은 '자사의 경영 자원에 대한 이해'라고 주장하는 바니파는 그만큼 자사의 역사를 되돌아보는 것이 중요하다고 강조한다.

하지만 절대적인 전략은 없으며, 시장 환경에 따른 최적의 전략이 중요하다. 또 동일한 전략으로 이기는 경우도 드물다. 상대의 허점을 간파해 파고들어 이기기도 하고, 자사의 강점을 활용하여 범접할 수 없는 어려운 전략을 수행하기도 한다. 경쟁사의 동향에 따라 대응 전략을 수정하기도 한다. 그때그때 상황에 맞는 전략을 수립해야 한다. 네 학파의 전략 모두 중요한 전략이다. 이기기 위한 전략은 다양하며, 마치 생물과 같이 유동적으로 변화하고 발전한다. 이러한 관점으로 전략을 바라보고, 실무에서 필요한 경쟁 전략을 나열해보자.

제안도 네 가지 전략이 중요하다

네 가지 전략 학파는 제안 전략을 수립하는 데 이해를 높여준다. 첫 번째 전략인 '계획'은 고객의 문제를 해결하기 위한 것으로, 고객의 요구 사항의 배경과 필요성에 초점을 맞춘다. 계획은 목표하는 것이 있고, 그 목표를 달성할 때 얻는 이익이 있다. 기업은 원하는 목표를 달성하기 위해 문제를 해결하고자 사업을 발주하는 것이다. 요구 사항의 배경을 들여다보면 다양한 이유가 있다. 대외 환경분석과 발주 배경을 참고하여 핵심 키워드와 고객 가치 실현을 위한 전략을 수립한다. 기업의 계획과 비전을 참고하여 기업이 가고자 하는 목표를 분석해 전략을 수립한다.

두 번째 전략인 창발(창의적 발상)에는 현장에서 발생하는 문제점에 대한 개선 사항과 보완 사항, 이슈 대응 방안 등이 있다. 창발 중심 전략은 전문가와 실무자 선에서 새로운 아이디어와 대안을 중심으로 변화된 환경에 적극적으로 대응하기에 계획 중심의 전략보다 변화에 신속하게 대응할 수 있다. 예상치 못한 문제점과 이슈에 대해서 오랜 노하우와 이해를 바탕으로 해결 방안을 만드는 것으로, 기술 수행팀과 실무팀에서 프로젝트 전반에 걸쳐 이슈를 정의하고 해결 방안을 제안하여 핵심 전략을 수립할 수 있다.

세 번째는 포지션으로 차별화하는 전략인데, 현대 사회에서 차별화는 곧 전략의 핵심으로 이해된다. 따라서 현장에서는 경쟁사와 무엇이 다른지 항상 관심 있게 본다. 경쟁사의 동향에 따라 그에 반하는 전략을 세우고, 비교 우위를 주장하기 쉽기 때문이다. 경쟁 업체와의 차별화를 통해 고객의 요구 사항에 가치를 부여하는 중요한 전략이다.

마지막 네 번째 전략은 회사의 자원, 즉 내부 역량이다. 만약 자사의 역량이 해당 프로젝트를 수행할 능력이 안 된다고 판단된다면 과감히 포기해야 한다. 최근의 트렌드는 '지속적인 경영'으로, 단기간에 경쟁에서 이기는 것보다 장기간에 걸쳐 지속적으로 우위를 점할 수 있는 경쟁력이 요구된다.

네 가지 전략의 중심에는 고객의 니즈가 있다. 고객의 가치가 빠지면 전략은 근거를 상실하게 된다. 경쟁에서 이기기 위한 전략은 곧 고객에게 이익이 되는 전략이다. 전략은 변화하고 성장한다. 그러나 모든 전략의 중심에 고객이 있다는 사실은 변하지 않는다.

Check

- 한 가지 전략만으로는 이길 수 없다.
- 종합적인 관점에서 다양한 전략을 구사하고 활용한다.

전략 구상 템플릿

전략 구상 템플릿을 만들어 전략의 강점과 약점을 구분하여 어디에 더 승부를 걸 수 있는지 구분할 수 있다. 여기서 계획과 창발은 고객의 요구 사항을 중심으로 구성되며, 포지션과 자원은 경쟁사와의 경쟁력에 대한 내용으로 구성된다.

구분	강점	약점
고객 목표(계획)		
제안 이슈(창발)		
경쟁사 동향(포지션)		
회사 역량(자원)		

계획을 중심으로 한 전략 항목에는 고객 요구 사항의 배경 및 필요성, 고객 중심의 가치 실현 전략, 현장의 이해, 사업의 이해, 고객의 핵심 목표, 다양한 프로젝트의 방향, 프로젝트 외적인 요소의 영향력, 성숙도, 경험도 등이 있다. 창발 전략에는 프로젝트의 이슈, 제품 선정, 구축 솔루션, 문제점에 대한 대응 방안, 추가 제안 등이 있다. 포지션 전략에는 경쟁 우위 요소, 차별점, 독보성, 자격증 등이 있으며, 자원 중심 전략에는 회사의 특장점, 역사, 규모, 신뢰도, 신용도, 매출액, 파트너십 등이 있다.

전략은 생물과 같다. 하나의 전략을 계속 사용할 수는 없으니 최고의 전략보다는 상황에 맞는 최적의 전략이 곧 최고의 전략이다.

02 고객의 빅 픽처를 그려라

전략은 고객을 중심으로 생각한다. 프로젝트가 만들어진 이유와 필요성, 그리고 프로젝트가 완료된 이후 어떻게 관리하는지도 매우 중요하다. 이런 다양한 관점에서 고객을 이해해야 한다. 기업의 비즈니스 환경은 다양하게 변화하고 생물과 같이 움직인다. 이런 변화를 감지하고 눈에 보이지 않는 요소를 찾아 다양한 시각으로 제안에 임한다.

고객의 요구 사항이 나열된 제안요청서만 들여다본다고 되는 것이 아니다. 제안요청서는 빙산의 일각일 뿐이다. 다양한 각도에서 제안요청서를 들여다보면 새로운 시각으로 접근하게 된다. 그렇지 않으면 한쪽 다리만 만지고 코끼리를 이해하는 것과 같은 우를 범할 수 있다.

제안요청서에는 기술적인 내용만 정리되어 있고, 발주처의 비즈니스 환경에 대한 내용은 빠져 있다. 또한 내부 사정도 누락되어 있다. 구현되어야 하는 내용만으로는 그 사업을 이해하고 다양한 이슈를 파악하는 데 어려움이 있다. 사회적 이슈와 발주 배경, 현시점에 구축 혹은 납품되어야 할 필요성 등 대내외 환경에 대한 이해를 바탕으로 접근한다. 제안요청서에 "대내외 환경 분석을 통한 사업 수행"이라는 문구가 있는 경우도 많다. 그만큼 제인을 위한 전략이 아니라 프로젝트 성공 이후의 가치를 위한 전략을 준비해야 한다.

94

아래는 다양한 이슈의 예시이다. 급속도로 발전하는 IT 비즈니스 환경에서는 다양한 변화에 대응해야 한다.

[외부 환경]
- 정책 변화에 따른 신규 시스템 구축으로 신규 제도 반영
- 시대의 흐름과 트렌드의 변화로 사용자 니즈 해소
- 바이러스 방어를 위한 보안성 강화
- 완료 이후의 활용 및 서비스

[내부 환경]
- 솔루션 구축으로 업무 공백에 따른 문제 해결
- 개인 정보 보안 기능 개선으로 안정성 강화
- 잦은 장애를 해결하기 위한 시스템 고도화
- 불필요한 인력 및 비용 절감을 위한 시스템 개선
- 사용자 불만을 해결하기 위한 시스템 개선
- 완료 이후의 운영 관리 방안

기업은 비즈니스 환경의 변화에 적응하고 다양한 이슈를 해결하면서 변화되어 간다. 발주 요구 사항인 제안요청서라는 공식 문서에 회사의 내부 사정을 노출하지 않는다. 추후 문제가 될 수 있고, 당사자 간에 불편한 일이 발생할 수 있기 때문이다. 그러나 그런 문제가 사업의 핵심이 되기도 한다. 고객이 공식적으로 문제를 노출하지는 않는다. 담당자 미팅을 통해 환경을 확인하고 그동안 논의된 내용을 바탕으로 종합적으로 이해해야 한다.

예를 들어, 날이 갈수록 데이터의 중요성은 증가하고 있다. 시스템 운영의 핵심은 사용자의 편의보다 데이터의 안전한 보전이다.

하루하루 유입되는 많은 양의 데이터를 관리하기 위해 시스템을 증설하고 개선한다. 작은 정보라도 유실되면 나중에 큰 문제로 이어질 수 있기 때문이다. 이렇게 중요한 데이터를 낮은 사양의 백업 장비로 허술하게 관리하고 있어서 시스템에 문제가 생겨도 즉각 조치하지 못하는 상황이라면 데이터 관리 소홀로 문책을 받을 수 있다. 이런 문제까지 고려하여 사업을 제안한다.

프로젝트 포트폴리오의 이해

고객은 다양한 사업을 동시에 진행하는 경우가 많다. 하나의 목표를 달성하기 위해 다양한 프로젝트를 발주하고 관리하는데, 이를 '프로젝트 포트폴리오' 관리라고 한다. 독립적인 프로젝트들이지만 큰 이슈와 목표를 공유하는 연관된 프로젝트를 말한다.

구분	프로젝트	프로그램	포트폴리오
목표	프로젝트 목표 달성	프로그램 목표 달성	포트폴리오 목표 달성
계획 수립	개별 프로젝트 계획	프로그램 차원의 계획	포트폴리오 선정 및 모니터링 프로세스
인적 자원 관리	조직 구성 및 팀원 확보, 책임과 역할 정의, 동기 부여	프로젝트 간 자원 공유 관리	자원 제약하의 포트폴리오 구성 최적화

"포트폴리오란 전략적 사업 목표를 달성하기 위해 작업을 효율적으로 관리해야 하는 프로젝트 또는 프로그램, 기타 관련 작

업 모음을 의미한다. 포트폴리오에 속한 프로젝트나 프로그램들이 상호 의존적이거나 직접 연관될 필요는 없다." 《PMBOK》

한때 공공기관이 지방으로 많이 이전했다. 해당 기관이 운영하던 전산 장비도 지방으로 같이 이전하게 되었다. 그래서 기관이 운영하는 전산실 전산 장비를 안전하게 이전하는 사업이 많이 발주되었다. 전산 장비 이전 사업의 주요 이슈는 전산 장비와 데이터의 안전한 이전이다. 또 이전 후 바로 정상적으로 운영할 수 있어야 한다. 그러려면 장비 종료 직전까지 유입되는 데이터를 단 1바이트도 문제없이 보존해야 한다. 데이터가 누락되면 이전 후 장비를 재가동했을 때 심각한 오류를 일으킬 수 있기 때문이다. 또한 센터 이전은 네트워크, 보안, 서버, 스토리지 등 모든 장비를 다루기 때문에 기술적 난이도가 높고, 종합적인 IT 서비스가 수반되어야 한다. 그리고 이전하는 신사옥에 정보통신 기반 시설도 새로 구축해야 한다. 장비의 안정성뿐 아니라 데이터의 안정성, 이후 네트워크의 안정성까지 확보해야 한다. 그러기 위해서는 건축 일정도 고려해야 하고 통신 기반 환경도 갖춰야 한다. 신사옥 준공 일정도 준수해야 하며, 사무집기 이사도 별도로 진행한다. 이렇듯 다양한 업무에 맞춰 성격이 다른 사업이 분리 발주된다.

전략적 사업 목표를 달성하기까지 다양한 이슈와 문제가 발생한다. 하지만 모든 문제를 제안요청서에 기록할 수는 없다. 이런 복잡한 상황에서 고객이 진정 원하는 것을 찾아 해결해야 한다.

이해관계자의 이해

유관 기관 및 타 부서의 요구 사항을 해결하기 위한 사업도 많다. 진정 누구를 위한 사업인지, 주요 고객이 누구인지 세분화할 필요가 있다. 사업에 연관된 이해관계자들을 잘 구분해야 한다. 조직 간에도 최고 결정권을 가진 사람이 있다. 그의 의중에 따라 사업의 중요도가 달라진다. 그런데 어디까지가 이해관계자일까?

등산을 하다 보면 멀리 보이는 산등성이에 송전탑이 설치되어 있는 모습을 많이 본다. 송전탑은 예산이 많이 들고 난이도가 높은 사업이다. 그런데 사업을 시작하면 지역 주민들로부터 민원이 들어온다. 송전탑에 대한 부정적인 문제로 설치를 반대하는 민원이다. 지역 주민의 민원을 무시할 수는 없는데, 생존권이 달린 문제를 무시하고 강행하면 더 큰 문제로 발전할 수 있기 때문이다. 하지만 프로젝트는 기간이 정해져 있다. 민원으로 기간을 지키지 못한다면 어떻게 할 것인가? 그렇다면 해당 사업의 이해관계자에는 지역 주민도 포함된다. 지역 주민이 반대하면 기간 내에 사업을 완료할 수 없기 때문이다.

그렇다면 이런 이슈는 어떻게 판단해야 할까? 판단 기준은 사업 완료에 미치는 영향이 크냐 작으냐이다. 항상 도사리고 있는 리스

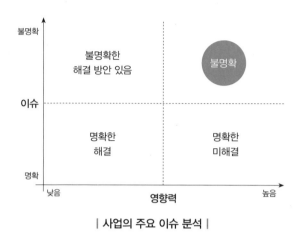

| 사업의 주요 이슈 분석 |

크를 예방하기 위한 방안을 수립해야 한다. 그러려면 주변 환경에 대해서까지 이야기를 나눠야 한다. 이슈가 불명확하면 문제 해결이 어렵고 정상적인 프로젝트 수행에 영향을 준다. 영향력이 높고 불확실하다면 사업의 주요 이슈로 정의한다. 해당 이슈가 프로젝트를 제약하는 3요소인 '범위, 일정, 비용'에 미치는 영향을 살펴본다. 만약 이들 요소 중 하나라도 증가한다면 문제가 발생한다는 뜻이다.

03 최고의 전략은 고객에게서 나온다

전략은 많은 정보를 바탕으로 수립된다. 많은 정보를 얻더라도 중요한 정보를 선별해야 하는데, 가장 중요한 정보는 고객으로부터 나온 정보이다. 이런 정보를 얻으려면 고객이 어떤 계획을 가지고 있는지 듣고 관찰해야 한다.

고객은 자신의 계획을 알려주지 않으려고 하기도 하지만, 어떻게 수행했으면 좋겠다고 적극적으로 의견을 이야기해주기도 한다. 고객 입장에서도 사업을 맡아 수행해주기를 기대하는 업체가 있다. 실력 없는 업체가 들어오면 프로젝트가 매우 힘들어지기 때문이다. 반면 믿을 만한 업체에 맡기면 프로젝트가 수월하게 완료된다. 그래서 고객은 믿을 만한 업체를 선택하고 적극적으로 정보를 준다. 고객도 미리 선택한다. 이런 귀중한 정보에 귀를 열고 고객이 원하는 것을 들어주는 전략은 매우 중요하다.

그러나 영업대표는 실적에 목말라 당장 수익을 올릴 수 있는 사업에 관심을 가진다. 그럴 때는 눈에 보이는 모든 것이 참여 대상이 된다. 사전 정보 없이 제안 요청 공지 후 참여하는 경우도 많다. 발주된 정보를 늦게 확인하고 우선 입찰 준비부터 시작한다. 이런 상황에서는 고객을 만나도 정보는커녕 경계의 눈치만 준다. 아무리 기업 실적이 좋더라도 사업에 대한 충분한 준비와 이해 없이 제안에 참여하는 것을 원하지 않기 때문이다. 이런 경우는 승률을 높일 수 없다.

그래도 참여하여 제안을 한다면, 후발 주자의 자세로 경쟁사가 어디인지 분석한다. '고객의 사업 발주를 위해 누군가는 사전 영업을 했다'는 가설을 세우고 어떤 경쟁사가 고객과 사업 발주를 함께 논의했는지 확인한다. 영업대표와 함께 고객 요구 사항과 영업 정보를 수집한다. 기술 사항은 사내 기술팀과의 논의를 거쳐 고객에게 문의한다. 영업대표와 한 팀으로 다양한 정보를 수집하여 전략을 수립한다.

입찰 공고를 보고 입찰에 참여하면 늦기 때문에 성공을 확신할 수 없다. 성공적인 제안을 위해서는 제안요청서가 공지되기 전에 고객의 요구 사항과 문제 해결을 위해 함께 고민하고 노력해야 한다. 고객은 다양한 이슈에 관해 외부 전문 업체에 자문을 구하고 컨설팅을 의뢰하는데, 이 과정에서 고객의 발주 계획이 전문 업체에 노출된다. 이런 정보가 발주 이전에 사업을 준비하는 중요한 정보가 된다. 경험이 많지 않은 영업대표는 고객이 많지 않다. 단순히 나라장터에 조달 정보가 공지되면 그제야 준비하는 경우가 많다. 그렇다고 안 할 수는 없다. 승률이 높지 않아도 결과는 해봐야 알기 때문이다.

빠른 준비가 승부를 좌우한다

경험이 많은 영업대표는 제안요청서가 공지되기 전부터 사업을 준비한다. 영업대표는 정보를 수집하고 고객을 미리 만나 자사의 역량을 소개하고 예산과 문제 해결 방안을 제공한다. 고객은 영업대표에게 자신의 문제를 고스란히 문의하고 해결 방안을 요청한다.

영업대표는 문제 해결 전문가로서 컨설팅을 수행한다. 이런 정보 교환으로 제안요청서가 완성되고 사업 발주를 진행한다. 이런 고급 정보를 가지고 제안에 참여하면 승률이 높아진다.

제안요청서는 고객이 작성한다. 하지만 기술적인 문제는 전문 업체의 검토를 받아 제안요청서에 반영하여 사업을 수행할 때 문제가 없도록 한다. 그래서 발주 담당자는 전문 업체에 기술적인 정보를 지원받아 제안요청서를 작성하곤 한다. 전문 업체의 자문을 받아야 구체적인 제안 발주를 할 수 있기 때문이다.

다음은 공공기관의 발주 절차이다.

위에서 보듯 제안요청서를 완성하고 사업을 발주하기 전에 사업 기획 단계가 있다. 사업 추진 준비, 사업 범위 및 방향 수립, 업무 및 기술 현황 분석, 솔루션 도입 검증 등의 과정을 거친 다음 제안요청 서를 작성해 사업을 발주한다. 그러므로 경험이 풍부한 영업대표는 입찰 정보가 공지되기 전에 이미 사업의 이슈와 리스크를 알고 성공 전략을 세운다. 이럴 때는 영업대표의 활동에 따라 전략을 수립하고 영업대표의 전략을 존중해 차별화된 제안 전략을 수립한다.

이기는 제안을 위한 세 가지 역할

제안에서는 각자의 역할이 중요하다. 영업과 제안팀, 발표자로 역할을 나누는데, 영업은 이길 수 있는 기회를 찾아 고객 정보를 바탕으로 한 기본 계획을 확인하고 이길 수 있는 기회인지 검토한다. 제안팀은 제안을 분석하면서 기술적인 부분과 세부 사항을 검토하여 문제점을 나열하고 해결 방안을 찾아 전략을 구체화하고 세부 전술을 수립한다. 발표자는 평가자들을 설득하고 질문에 답하며 경쟁 업체보다 우리의 능력과 가치가 우수함을 강조한다.

전략은 영업의 역할이 크다. 고객의 요구 사항을 접수하면 큰 그림에서 기본 전략이 수립되기 때문이다. 영업은 다양한 사업을 검토하고 그중 이길 수 있는 사업을 선정한다. 고객을 통해 정보를 얻고 승률을 판단해 제안 참여를 결정한다. 제안을 준비하고 참여하는 데 비용이 많이 드는 만큼 제안 참여 결정은 신중할 수밖에 없다.

제안팀은 영업이 제안하는 기본 전략을 바탕으로 종합적인 전략을 수립하고 확정한다. 고객의 요구 사항과 경쟁 업체 분석, 자사의 역량 등 다양한 관점에서 세부 전략을 수립하고 전략에 따른 전술을 수립한다. 사업 특성을 고려하여 이슈 사항과 특이 사항, 강점과 약점을 분석하고 실행 방안과 전략, 전술을 세운다. 전술은 전략 계획을 기준으로 분석하고 수정 보완하여 제안한다.

발표자는 자사의 우수성을 평가자에게 설득하기 위해 전투를 한다. 칼과 방패 대신 슬라이드와 표현으로 하는 보이지 않는 싸움이다.

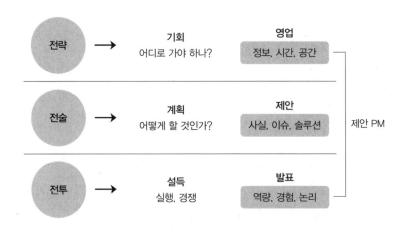

04 전략 수립을 돕는 방법들

6시그마의 5Why

제안요청서의 요구 사항을 유심히 관찰하다 보면 왜 이런 솔루션이 필요한지 의문이 들 때가 많다. 과연 그것이 최선인지 의심스럽다. 이럴 때는 정확한 원인을 찾기 위해 항상 '왜?'라고 물어야 한다.

6시그마의 논리 기법 중 하나인 5Why는 '왜?'라는 의문을 가지고 문제의 핵심에 도달하게 해준다. 문제를 명확하게 파악하면 작은 개선으로 큰 효과를 볼 수 있다. 대표적인 사례가 제퍼슨 기념관 외벽 손상 문제이다. 제퍼슨 기념관의 손상된 외벽을 새로 페인트칠 하려니 금전적, 시간적 낭비가 너무 커서 그 근본 원인을 찾기 위해 5Why 방식을 대입해보았다.

- 1Why: 왜 외벽의 부식이 심한지 생각해보니 비누 청소를 자주 하기 때문이었다.
- 2Why: 왜 비누 청소를 자주 하는지 보니 비둘기 배설물이 많이 묻어서였다.
- 3Why: 왜 비둘기 배설물이 많은지 생각해보니 비둘기의 먹잇감인 거미가 많아서였다.
- 4Why: 왜 거미가 많은지 생각해보니 거미의 먹이인 불나방이 많아서였다.
- 5Why: 왜 불나방이 많은지 생각해보니 직원들이 일찍 퇴근하기 위해 전등을 주변보다 일찍 켜기 때문이었다.

이렇게 다섯 번 '왜?'를 점검하면 그 근본 원인을 찾을 수 있다. 결국 제퍼슨 기념관은 불나방이 활동하는 시간대를 피해 7시 이후에 전등을 켜는 것으로 근본 원인을 해결하여 비용과 시간을 절감했다.

근본적인 원인과 핵심을 파악하면 전략과 차별화를 선택하기 쉽다. 문제의 원인은 문제 해결의 근거가 되고 평가자를 설득하는 좋은 도구가 되기 때문이다. 고객을 만나 대화를 나눠보면 제안요청서에 나오지 않는 이야기가 대부분이다. 제안요청서는 제안을 요청하기 위한 최종 결과물이지 발주 배경이 아니다. 그러니 고객에게 물어보면 왜 이 제품이 필요한지 금방 알 수 있다. 그리고 선호하는 제품이 어떤 제품인지 알 수 있다. 기존 제품과의 호환성이 중요해서일 수도 있고, 기술 인증 혹은 경험을 통해 선택했을 수도 있다. 사유는 다양하지만 고객에게 물어보면 쉽게 답을 찾을 수 있다.

고객이 왜 이 사업을 하려는지 알고 '왜?'를 중심으로 모든 목표를 수립한다. 왜 이 사업이 발주되었고, 왜 이런 구성과 제품, 인력이 필요한지 알아야 한다. 단순히 좋은 제품이 필요했다면 굳이 사업을 발주할 필요가 없었을 것이다. 좋은 제품은 돈 주고 사 오기만 하면 그만이다. 왜 필요한지 알게 되면 경쟁사보다 좋은 제안을 할 수 있고, 핵심 이슈를 명확히 분석해 더 가까이 접근할 수 있다.

핵심 성공 요인을 도출하라

핵심 성공 요인Critical Success Factor, CSF은 체계적 전략 수립을 위한 대표적 방법이다. 핵심 성공 요인은 사업 성공을 위해 갖추거나 수행되어야 할 전제를 가리키는 것으로, 사업의 최종 목표와 단기 목표를 성취하기 위한 중요한 요건이 된다.

전략 수립 단계는 환경 및 현황 분석, 핵심 성공 요인 분석, 비전

및 전략 수립으로 나뉜다. 제안 배경과 대내외 환경, 요구 사항과 이슈, 개선 사항 등에 대한 분석을 통해 핵심 성공 요인을 도출하고 이를 바탕으로 세부 전략을 수립한다. 핵심 성공 요인은 전략 수립의 근거 자료로 활용된다. 이를 바탕으로 사업을 성공적으로 수행할 수 있는 근거를 마련하여 세부 전략을 수립한다.

직관을 무시하지 마라

전략을 수립하기 위해 여러 전략을 생각해낸다. 전략 근거를 마련하기 위해 다양한 자료를 수집하고 핵심을 파악하기 위해 요약 정리한다. 사업의 범위와 이슈를 명확히 이해하기 위해 다양한 자료를 수집하고 다양한 각도에서 검토한다. 전략을 수립하기 위해 여러 아이디어를 동원해본다. 그런데 아이디어는 어디서 오는 걸까?

정보 수집, 전략 분석, 다양한 생각… 모두 맞는 이야기다. 그러나 우수한 아이디어는 직관에서 나오는 경우가 많다. 다양한 자료를 분석하고 그 속에서 아이디어를 얻으려면 머리만 복잡해진다.

특히 자료가 많으면 많을수록 집중력이 떨어지고 머리가 산만해지곤 한다. 다양한 자료를 근거로 아이디어를 구성하는 것은 보텀업Bottom Up 방식이다. 기존의 각종 정보를 수집하여 배경과 논리를 조합해서 목표를 이끌어내는 것이다.

반면 직관적인 아이디어를 통해 목표를 먼저 설정하고 그 목표에 맞는 근거를 만드는 것은 톱다운Top Down 방식이다. 아이디어를 구상하다 보면 '유레카'를 외칠 때가 있다. 어떨 때는 다양한 아이디어가 떠오르기도 한다. 그런 다음 그것을 증명하기 위해 논리와 근거를 끌어오는 방식이 톱다운 방식이다. 제안을 준비하면서 문뜩 떠오르는 직감은 매우 소중하다. 제안요청서 분석이 끝났다면 오랜 경험과 기술력으로 문제 해결 방안과 개선 사항이 보인다. 그리고 가설을 세워 핵심 이슈를 정의한다. 그 가설을 주장하기 위해 근거를 만들고 실현 가능성을 검증하는 과정을 진행한다. 물론 최종적인 검증은 프로젝트를 성공시키는 것이다. 스티브 잡스는 아이디어가 필요할 때 고객 설문 조사를 하지 않는 것으로 유명했다. 이미 그는 충성 고객이 무엇을 원하는지 알고 있었기에 새로운 제품을 기획할 때 고객의 니즈를 새롭게 창출할 수 있었다. 기존 아이디어의 제약을 넘어 새로운 아이디어로 대응할 수 있었다.

로버트 루트번스타인과 미셸 루트번스타인이 공저한 《생각의 탄생》은 창조적 아이디어를 위해서는 직감과 직관을 활용하라고 이야기한다. 아인슈타인은 "직감과 직관, 사고 내부에서 본질이라고 할 수 있는 심상이 먼저 나타난다. 말이나 숫자는 이 녀석의 표현 수단에 불과하다"라고 했다. 아인슈타인은 동료 과학자들에 비해 수학을 잘하지 못했다고 한다. 그는 연구하다가 문득 떠오른 아이디어를 정리한 이후 수학에 접목하여 근거를 만들었다.

제안 아이디어도 논리적인 아이디어가 아닐 때가 있다. 그럴 때는 타당한 근거를 만들어 설득하는 과정을 거치면 된다. 창조적인 아이디어는 직관적으로 알아낸 것을 과학의 틀 속에 집어넣은 것이다. 그러니 떠오르는 아이디어를 잘 관찰할 필요가 있다. 스쳐 지나가는 아이디어도 메모해놓고 흘려버리지 않는다면 좋은 전략을 수립하는 데 활용할 수 있다.

SWOT 분석의 이해

Strength(강점), Weakness(약점), Opportunities(기회), Threats(위협)로 나누어 분석하는 SWOT 분석은 전통적으로 기업 경영 전략에 많이 활용되는 분석 방식이다. 기업 경영은 기간이 따로 없는 것이기에 프로젝트와는 차이가 있다. 그렇지만 주요한 핵심을 참고하여 프로젝트에 맞춰 잘 이용한다면 SWOT 분석을 전략 수립에 활용할 수 있다.

SWOT 분석을 바탕으로 전략 요소를 정의해보면 다음과 같이 분류할 수 있다. 이를 바탕으로 전략을 수립하여 자사의 강점은 강하게 주장하고 경쟁사의 강점은 약화한다. 그리고 자사의 약점은 회피하거나 극복하고 경쟁사의 약점은 강하게 부각한다.

구분	강점 요인(S)	약점 요인(W)
기회 요인(O)	**SO 전략** 강점 요인을 바탕으로 기회 요인에 활용	**WO 전략** 약점 요인을 보완하고 기회 요인을 활용
위협 요인(T)	**ST 전략** 강점 요인을 활용하여 위협 요인에 대응	**WT 전략** 약점 요인을 극복하고 위협 요인을 회피

| SWOT 분석을 통한 전략 수립 |

강점을 더 크게 부각하면 약점은 자연스럽게 보완되는 경우가 많다. 강점이 강조될수록 약점은 상대적으로 그 비율이 약화하므로 강점을 찾아 더 극대화하는 전략을 수립할 때 새로운 아이디어가 나온다. 그리고 경쟁사의 약점을 중요하게 부각하고 비중을 높인다. 즉, 자사의 강점은 최대한 중요하게 주장하고 경쟁사의 약점은 더욱 문제가 됨을 부각하여 자사의 차별성과 우수성을 강조한다.

05 고객 중심의 차별화 전략

경쟁에서 이기기 위해서는 차별화가 빠질 수 없다. 비교 우위, 경쟁 우위가 제안의 기본 법칙이기 때문이다. 제품에만 한정되는 것이 아니다. 제안 준비, 발표자의 성향, 기업의 실적 등 다양한 요소가 비교되기 때문에 하나의 관점과 솔루션으로 경쟁 우위를 주장할 수 없다. 솔루션이 제아무리 우수해도 결국에는 사람이 수행하는 것이므로 경험이 없는 인력을 배치했을 때 문제가 된다. 리더의 역량도 중요하다. 사람이 하는 일은 리더의 영향력이 매우 크다. 그래서 사업관리자의 자질을 중요하게 생각한다.

차별화를 잘 활용하면 다윗이 골리앗을 이기듯 강력한 무기를 만들 수 있다. 그런데 차별점을 이야기하라면 경쟁사보다 나은 것만 나열한다. 요구 사항과 무관한 회사 규모나 신용등급 등을 나열하며 더 나은 것을 제시하면 이길 수 있다고 단순하게 주장한다. 누구나 아는 차별화도 막상 실전에서 써먹으려면 막연하다.

다시 강조하지만, 고객을 생각하지 않는 전략은 의미가 없다. 전략은 고객을 중심으로 수립해야 한다. 골리앗도 다윗에게 질 수 있다. 현재 업계 1위라 해도 질 수 있고, 대기업이 중소기업에 질 수도 있다. 이런 사례는 무수히 많다. 결국 중요한 것은 고객을 아느냐 모르느냐이다. 고객의 정보는 제안하는 업체의 규모와 상관없기 때문이다.

경쟁의 3요소와 차별화 전략

요구 사항을 분석한 뒤 고객을 통해 더 다양하고 입체적인 정보를 얻어야 한다. 요구 사항이 만들어진 배경 그리고 다양한 이해관계 속에서 사업이 발주되는 만큼 요구 사항 외의 사용처와 목적을 명확히 정리하고 자사의 역량에 부합하는지 검토한다.

고객에게는 공식적 정보와 비공식적 정보가 있는데, 공식적 정보는 제안요청서의 요구 사항처럼 공정하게 제공되는 정보다. 비공식 정보는 내부 사정으로, 다양한 이해관계에 대한 내용이다. 이유 없는 무덤이 없듯이 사업도 이유 없는 사업이 없다. 시기, 장소, 예산, 범위 등 모든 것에는 이유가 있다.

전략은 미래에 일어날 일에 대해 경쟁 우위의 솔루션을 제안하여 고객을 설득하는 과정이다. 핵심 차별화 요소는 경쟁사에는 없고 고객에게는 중요한 솔루션이다. 전략은 고객에게 꼭 필요한 제안을 하는 것으로, 경쟁사가 없는 제안을 할 때 가치가 커진다.

'3C'라고 불리는 경쟁의 세 가지 핵심 요소는 자사 역량company, 고객consumer, 경쟁사competitor이다. 이러한 구분을 바탕으로 차별화와 좋은 전략이 만들어진다. 전략의 대가인 오마에 겐이치는 전략가는 성공을 위한 세 가지 핵심 요소에 집중해야 한다고 강조한다. 어떤 전략이든 그 수립 과정에서 세 가지 핵심 요소를 반드시 고려해야 한다.

먼저 고객이 원하는 요구 사항이 자사의 역량에 부합하는지 점검한다. 부합한다면 경쟁 업체는 어떤지 검토한다. 고객의 요구 사항과 경쟁사의 특징을 파악한다. 그러면 자사와 경쟁사가 어떤 장점

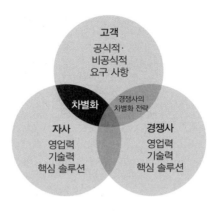

| 경쟁의 3요소 |

과 단점을 가지고 제안에 임하는지 이해할 수 있다. 자사나 경쟁사
나 동일한 제안요청서를 받는다. 이런 상황에서 누가 더 고객의 요
구 사항을 명확하게 알고 제안 배경과 원인, 구체적 일정 등을 알고
있는지가 중요하다. 또 어떤 이슈가 있는지 파악하여 경쟁사보다
우위에 있어야 한다.

하지만 고객은 제안요청서를 공지한 뒤로는 형평성을 위해 일반
적 정보만 제공한다. 그러니 고급 정보를 확인하려면 시점이 중요
하다. 고객은 고급 정보를 잘 제공하지 않는다. 제안요청서 외의 구
체적이고 직접적인 내용에 대해서는 함구한다. 제안요청서에는 기
술하지 못하는 항목이 많고, 보안상 민감한 사항은 피하기 마련이
다. 하지만 고객이 공평을 기하기 위해 제한적인 정보만 제공한다
면 경쟁사를 이길 정보를 알아내기 힘들다. 경쟁 업체를 이기기 위

한 고급 정보는 고객이 무장 해제된 시점을 잘 활용해 얻어야 한다. 그러려면 제안요청서를 공지하기 전에 사전 영업을 하고 내용을 파악해둬야 한다.

06 자사의 역량이 '온리 원'이다

시장에서는 끝없이 경쟁해야 한다. 한때 필름 시장을 석권하던 코닥은 디지털카메라에 밀려 다른 회사에 매각되었다. 휴대폰 시장 점유율 1위였던 노키아는 스마트폰인 아이폰이 돌풍을 일으키자 한순간에 시장에서 사라져버렸다. 변화에 대응하지 못하고 몰락한 것이다. 이처럼 치열한 경쟁에서 살아남기 위해 노력하는 것이 차별화 전략이다.

그런데 차별화 전략은 틀렸다는 주장이 나오고 있다. 대신 기업의 지속적인 성장을 강조하고, 회사의 역량에 중점을 둔다. 외부에서 찾는 경쟁 우위와 달리 회사 내부에서 회사의 핵심 역량을 찾는 전략이다. 회사의 희소한 자원이나 특별한 기술이 있는 인력 자원 등이다. 기업의 건전한 이미지 또한 매우 중요하다. 기업의 영역이 어디인지 정확히 정의할 때 답을 찾을 수 있다.

요소별 자원 집중화 전략

차별화 전략은 이제 일반적인 전략이 되었다. 어떤 차이가 있는지 경쟁하는 것이 곧 제안인 것처럼 모두들 차별화에 혼신의 힘을 다한다. 승패도 경쟁 우위가 있을 때 더 가능성이 있는 것으로 판단한다. 하지만 차별화를 넘어 제안의 특장점을 살리고 강점을 부각하여 유일한 것, 온리 원Only One이 되는 것이 더욱 강한 인상을 남긴다. 유일함이 최고로 좋은 전략이기 때문이다.

프로젝트 관리 대상을 참고하여 회사가 가진 다양한 강점을 주장할 수 있다. 대표적인 내용으로 자사의 전문 인력, 유사 사업의 실적, 신용등급, 우수한 수행 경험, 최적의 솔루션, 지원 방안 등이 있다.

전문 인력

전문 인력은 평가자들이 가장 중요하게 보는 요소다. 프로젝트는 결국 사람이 수행하는 것이기 때문에 수행 인원의 전문성과 경험을 중요하게 생각한다. 또 적재적소에 필요한 인원이 조직되어 있는지 하나하나 세세하게 따진다. 프로젝트에 참여하는 주요 전문 인력도 중요하지만, 부재 시의 지원 인력에 대한 소개도 필요하다. 사업 특성에 따라 지원 인력에 대한 이슈도 강하게 강조할 수 있다. 사업에 대한 이해가 높고 경험이 풍부한 인력이 있음을 강조한다. 동일 기업의 유사 프로젝트를 수행한 이력이 있다면 이를 부각한다.

회사 실적

수행할 프로젝트와 유사한 경험이 있다면 해당 분야의 전문 기업임을 강조할 수 있다. 만약 업계에서 가장 많은 프로젝트를 수행했다면 최고·최적의 기업임을 강조한다. 유사 실적이 많으면 실적을 증명하는 증빙 자료와 성공 사례를 부각한다. 유사 사업의 성공적인 수행을 무기로 성공적 사업 수행에 대한 믿음을 줄 수 있다.

신용등급

회사의 신용등급이 좋다면 사업의 리스크를 수용할 수 있는 믿을 만한 기업임을 강조한다. 신용등급이 낮은 영세한 기업은 사업 수행 시 추가로 문제가 발생할 때 고객에게 떠넘기는 사례가 많다. 또 영세한 기업이 폐업을 선언하면 프로젝트는 방향을 잃고 중단된다. 이런 문제로 신용등급에 따라 정량적인 평가 점수를 적용한다. 정량적인 점수를 별도 산정하더라도, 평가자에게 안전하고 믿을 수 있는 기업임을 강조한다.

최적의 솔루션

경쟁 우위를 주장할 수 있는 정보를 적극적으로 강조하고 고객이 원하는 최적의 제품임을 주장한다. 납품하는 장비의 비중이 높은 프로젝트라면 장비의 스펙을 중심으로 차별화한다. 최적의 솔루션은 경쟁사에는 없는 솔루션이다. 그러려면 솔루션을 선점해야 한다. 최적의 제품을 선점하여 납품 업체에 공급 계약을 걸어 경쟁 업체에는 비싼 가격으로 제공하도록 약속을 받아두면, 결국 경쟁 업체는 빠듯한 예산으로 다른 저가 상품을 찾아야 한다. 그러므로 공급 계약을 선점하는 업체가 유리할 수밖에 없다.

우수한 경험

우수한 경험은 다양한 실적으로 증명할 수 있다. 또 동종 사업을 수행하여 고객으로부터 감사패를 받았다면 이를 적극적으로 강조한다. 해당 분야의 전문 기업임을 주장하고, 다양한 경험을 바탕으로 문제를 사전에 예방해 안전하게 사업을 수행할 수 있음을 강조한다.

지원 방안

회사의 다양한 인프라를 활용한 비상시 지원 방안을 강조하고,

사업 수행 중에 적정한 지원을 제공하여 사업을 원활하게 수행하고 품질을 준수할 수 있음을 주장한다. 만약 전국 지사가 있다면 지사를 활용한 지원 방안을 강조할 수 있다. 지원 방안에 대한 신뢰를 쌓을 수 있고, 프로젝트 종료 후 예상치 못한 문제가 발생했을 때 신속하게 해결할 수 있기 때문이다.

품질 관리

품질 관리는 최고가 아닌 최적을 기준으로 한다. 품질 관리는 사업 전반에 걸쳐 계획과 산출물이 고객에게 적합한지 관리하는 것이지 최고의 제품을 제공하는 것이 아니다. 마음은 최고가 되고 싶겠지만, 한정된 프로젝트 안에서는 계획한 내용을 만족하는 데 기준을 둔다. 발표할 때 '최고', '최상'이라는 단어는 필요한 곳에만 사용하도록 주의한다.

위험 관리

프로젝트를 수행하면서 점진적으로 구체화될 때 다양한 이슈가 발생한다. 이슈는 사전에 감지할 수 있으며, 간단하게 예방 조치할 수 있다. 하지만 이슈가 문제가 되면 문제를 해결하기 위해 많은 비용과 시간이 소모된다. 그러므로 사전에 예방하는 것이 최선이다.

간혹 위험 관리와 장애 관리를 혼동하는데, 장애 관리는 이미 발생한 장애를 관리하는 것이고, 위험 관리는 미리 점검하고 예방하는 것이므로 잘 구분해서 답변해야 한다. 예방과 보안은 평가자가 특히 질문하기 좋은 사항이다.

이렇듯 다양한 요소에 자사의 강점이 있고 유일한 서비스를 할 수 있다면 차별적 요소가 된다. 다양한 분야에서 뚜렷하게 기억에 남는 유일한 서비스를 찾아 강조하고 집중화 전략으로 극대화한다.

07 자신만의 가치를 확고히 하라

고객의 요구 사항은 다양하다. 그리고 제안 환경도 다양하다. 하나의 제안으로 계속 성공할 수는 없다. 시장은 새로운 문제를 찾아 해결하고 이를 통해 이익을 남긴다. 고객 만족은 고객이 원하는 것을 실현하느냐에 달려 있다. 최적의 전략은 고객이 원하는 바를 들어주고 고객이 기대하는 것보다 더 만족할 수 있도록 해주는 것이다.

"고객이 프로젝트 수행 중에 무리한 요구를 할 때 고려해야 할 항목은?" 평가자들은 이런 질문을 자주 한다. 프로젝트 수행 중에 자주 일어나는 일이므로 프로젝트 중 요구 사항이 추가될 때 어떤 기준으로 해결할지 자질을 묻는 질문이다. 이런 질문에 뭐라고 답해야 할까? 정답은 '범위, 비용, 일정' 세 가지다. 범위, 비용, 일정은 프로젝트의 3대 제약 사항으로 어떤 프로젝트도 이 세 가지로부터 자유로울 수 없다. 이 세 가지가 프로젝트에 미치는 영향을 분석하여 수용 여부를 판단해야 한다. 제품 납품 일정과 개발 일정, 약속된 제품이 납품되었는지, 추가 제안과 비용은 적절한지를 판단한다. 이런 요소를 반영하여 목표를 달성하기 위한 전략을 수립한다.

손해 보는 제안은 스스로 파는 무덤이다

고객이 원하는 것을 모두 들어주면 비용 문제가 발생한다. 손해 보는 제안은 절대 해서는 안 된다. 퍼주기식 제안은 평가자도 원하지 않는다. 고객은 정당한 가격에 조금 더 우수한 결과를 원하기 때문이다. 이기기 위해 추가 제안을 많이 하면 손해를 보기도 한다. 평가자는 의문을 품고 원가 계산이 잘못되었는지 따질 수 있다. 즉, 회사의 역량을 의심하고 불공정한 경쟁에 주의를 준다. 원가 계산에 실패했다면 프로젝트 수행 중 예상치 못한 문제가 발생할 때 올바른 대응을 기대할 수 없기 때문이다. 저가 제품으로 교체하여 어떻게 든 이익을 남기려고 할 위험도 있고, 예비비 등의 지원이 원활하지 않을 수 있다. 스스로 리스크를 만드는 것은 어리석은 일이다. 정당한 요구를 해야 정당한 제품을 구축할 수 있기 때문이다.

프로젝트 수행 시 불필요한 항목이나 문제 발생에 따라 과업이 수정되거나 변경되는 경우가 있다. 이럴 때는 협의하여 변경할 수 있다. 빈번히 발생하는 변경은 책임과 권한을 관리하고 정의한다. 잦은 변경은 프로젝트에 리스크가 된다. 변경은 관리되어야 한다. 변경에 대한 근거를 회의록이나 주간 보고 등에 기록하고, 그보다 중요도가 높은 이슈는 변경계획서를 작성하여 고객과 관련 책임자에게 승인을 얻어 변경에 따른 불확실성을 분산한다. 변경계획서는 프로젝트 수행 시 문제가 발생할 때 주요 참고 자료가 된다. 그러므로 변경계획서를 관리하여 변경에 대한 구체적인 증거를 마련한다.

입찰 과정에서 우선 협상 대상 기업이 되어 계약 전에 기술 협상을 할 때에는 변경 항목을 수정 보완하고 협상을 통한 조정의 증거를 남긴다. 또한 프로젝트 수행 중 예상치 못한 문제가 생겼을 때 합당한 증거가 있다면 변경 계획 절차를 진행하여 수정 보완할 수 있다. 하지만 이럴 때는 절차가 복잡하여 발주 담당자에게 부담이 되므로 변경이 없는 것을 우선시한다.

고객이 모르는 기대 효과를 자극하라

고객은 자신의 요구 사항을 100퍼센트 수용한다고 만족하지 않는다. 고객이 느끼는 가치와 사전 기대치가 동일하다면 고객의 만족은 0이 된다. 고객의 요구에 100퍼센트 응해도 0점이다.

가치 제안은 기대치 이상의 제안이어야 한다. 그렇다고 퍼주기식

| 사전 기대치 (100점) | − | 고객이 느낀 차이 (100점) | = | 고객 만족도 (0점) |

| 고객 만족 공식 |

제안을 이야기하는 것은 아니다. 제안요청서를 준수하는 것 이상의 가치를 담아 제안해야 한다. 고객이 예상하지 못한 통찰력으로 가치를 제안하거나 고객의 비전을 같이할 때 가치는 높아진다.

가치 제안은 정확한 수치로 제안할 때 강력해진다. 그러나 수치를 가늠하기 어려운 경우가 더 많다. 이럴 때는 콘셉트를 명확히 정의하고 평가자가 선택할 수 있는 강력한 가치를 주장한다. 보통 발표의 마지막 발언에서 자사를 선택해야 하는 가치를 강하게 부각하고 의미를 극대화한다. 마지막 인사말은 가치 제안을 부각하는 말로 마무리하고 고객 가치를 극대화한다.

제안에는 이슈와 과업 범위가 있다. 제안은 어떻게 구현하겠다는 방안을 기술한다. 그런데 그냥 구현하고 끝인 경우가 많다. 해결 방안을 수립했다면 그 방안이 왜 필요한지, 어떤 효과가 있는지 기대 효과를 기술해야 한다. 제안서 쓰는 데 바빠 기대 효과를 기술하지 않는 경우가 많다. 하지만 반드시 기대 효과를 기술하여 제안의 가치를 높여야 한다. 점수를 잘 받는 제안에는 항상 기대 효과가 포함되어 있다. 문제와 이슈가 있을 때는 반드시 기대 효과를 추가하여 그것을 구현하는 이유를 밝혀야 한다.

추가 제안을 많이 하는 것이 가치 제안이라고 생각해서는 안 된
다. 비용 대비 효율적인 기대 효과가 있어야 한다. 손해 나는 제안은
스스로 파는 무덤이다. 하나를 하더라도 그 효과는 다양하다. 안정
성, 신속성, 정확성, 신뢰성 등 다양한 기대 효과를 붙일 수 있다. 납
기일이 중요하다면 "신속한 납품으로 리스크 제거"라고 한 줄이라
도 써야 한다.

이슈 정의, 문제 해결 솔루션, 이에 대한 기대 효과의 삼박자가
맞아야 기대를 높일 수 있고 가치 제안을 손쉽게 할 수 있다. 아무리
전략이 다양해도 가치가 있어야 제안이다. 아이디어 싸움이 아니
다. 고객 중심의 가치 제안이 되어야 한다.

> **TiP**
>
> 실패하는 제안과 성공하는 제안
>
> | 실패하는 제안 | 성공하는 제안 |
> | --- | --- |
> | 하나의 전략에 의존한다. | 상황에 맞게 전략을 수립한다. |
> | 최고의 제품을 강조한다. | 최적의 제품을 강조한다. |
> | 수행 능력을 강조한다. | 수행의 기대 효과를 강조한다. |
> | 경쟁사의 동향을 살펴 제안한다. | 고객의 비전과 일치하고 경쟁사가 없는 솔루션을 강조한다. |
> | 획기적인 솔루션이 경쟁력이다. | 자원과 역량이 경쟁력이다. |
> | 기술력에만 집중한다. | 다양한 이슈를 하나의 콘셉트로 연결한다. |
> | 문제 해결 방안이 중요하다. | 문제의 정확한 진단이 중요하다. |

이것만 알면 당신도 슬라이드 전문가

PART

4

제안 전략을 수립하고 무엇이 이슈이고 무엇이 핵심인지 확인했다. 그런데 그 내용이 방대하고 정리되어 있지 않다. 주요 내용을 정리하고 효과적으로 설득하기 위해서는 슬라이드 기획이 필요하다. 단순히 슬라이드 화면을 편집하기 이전에 내용을 편집해야 한다. 즉, 기획이 필요하다.

나도 처음에는 시각적인 레이아웃에 중점을 두고 남이 해놓은 것을 참고하여 진행했다. 초보들은 대부분 남의 것을 그대로 복사하거나 선임자가 만들어놓은 틀에 끼워 맞춘다. 당장 어떤 기준으로 만들어야 할지 막연하기 때문이다. 하지만 슬라이드는 발표자의 설득력을 높이기 위한 도구이므로 대충 해서는 안 된다. 그래서 미리 구상하고 정리하는 것이 중요하다. 보통 제안서 작성이 끝난 뒤에 슬라이드를 작성하는데, 그러면 슬라이드를 작성할 시간이 부족해서 좋은 결과물을 만들기 어렵다. 주어진 시간만큼 결과물이 나오는 법이다.

현장감 있는 제안을 위해서는 발표자가 직접 발표 슬라이드 시나리오를 작성하는 것이 중요하다. 남이 만들어준 슬라이드로 발표하는 것은 영혼 없는 앵무새의 외침이나 다름없다. 치열한 경쟁 제안에서는 발표가 제안의 핵심이기 때문에 더욱더 발표에 집중해야 하며, 그리기 위해서는 발표지가 직접 시나리오를 작성하고 흐름을 이해하고 있어야 한다. 직접 수행 전략을 구상하고 평가자를 설득할 준비를 해야 한다. 자신이 무엇을 주장하고 고객이 무엇을 원하는지 명확하게 이해하고 설득해야 경쟁에서 이길 확률을 높일 수 있다. 발표자는 사업을 책임지는 사업관리자로서 전략가가 되어야 한다. 프로젝트를 안전하게 수행하기 위한 방안을 숙지하고 있어야 한다. 미래에 일어날 일을 어떻게 수행할지 화면에 표현하고 전달할 수 있는 슬라이드 전략이 있어야 한다.

01 발표 슬라이드를 전략서로 활용하라

한때 선임자가 사용하던 발표 슬라이드를 인계받아 발표한 적이 있다. 200여 명 앞에서 5분간 발표하는 자리였다. 공개된 장소에서 일곱 팀이 경쟁하는 상황이었는데, 공개된 장소인 만큼 다른 팀이 어떻게 발표하는지 볼 수 있었다. 준비한 메모를 그냥 읽어 내려가는 사람도 있었고, 나처럼 떨면서 발표하는 사람도 있었다. 핵심만 이야기하고는 열심히 하겠다고 큰 목소리로 발표를 마무리하는 사람도 있었다. 그렇게 몇 회에 걸쳐 경쟁 발표가 진행되었다.

그런데 회를 거듭하면서 숙달되어 안정적으로 발표할 줄 알았는데, 그게 아니었다. 계속 발표를 해도 똑같이 떨렸다. 선임자가 준 발표 슬라이드를 앵무새같이 읽어 내려가니 자신감이 결여되어 긴장하고 떨리는 모습이 사라지지 않았다.

결국 남이 써준 원고로는 발표에 문제가 있다는 점을 느끼고, 직접 슬라이드를 재작성했다. 역시 나만의 슬라이드로 발표할 때 발표에 힘이 있고 떨리는 현상도 없었다. 훨씬 자연스럽고 청중의 반응도 좋았다. 발표 울렁증이 있는 사람은 남이 해준 슬라이드를 가지고 발표할 때 더 떨리고 움츠러든다. 똑같은 슬라이드로 똑같은 발표를 하니 발표가 늘지 않는다.

제안 발표자가 제안을 직접 이끌고 사업을 수행하는 사업관리자 PM일 때 더 구체적인 제안을 할 수 있다. 그러나 사업과 전략을 이해하지 못하고 준비 없이 발표만 할 때에는 평가자의 질문에 답하지 못한다. 발표자의 발표 능력 때문에 실주하는 경우가 많다. 아무리 고객을 잘 알고 영업을 잘해도 발표에서 점수를 얻지 못하면 경쟁에서 뒤집히곤 한다. 따라서 발표자는 제안 PM으로 활동하면서 제안 분석과 전략 수립을 병행하며 슬라이드를 준비해야 한다.

초안을 먼저 만들어라

초안은 준비된 제안요청서와 영업 정보를 재정리하는 것에서 출발한다. 그리고 경쟁사의 윤곽이 분명해지면 추가 전략을 수립한다. 경쟁사를 어떻게 이길 건지 준비하는 성공 전략이 되어야 한다. 제안서 작성 시작 단계부터 제안서와 발표 시나리오를 준비한다. 발표 시나리오를 준비하면 전략을 시각화하여 정리할 때 구체적으로 접근하기 쉬워진다. 평가 배점을 기준으로 강조할 항목과 생략할 항목을 선별하고, 새로 확인된 내용을 조정하며 슬라이드에 메모한다.

평가 기준이 있다면 확인한다. 조달 제안에서는 평가 항목의 배점을 명확히 제시하므로 어떤 항목을 더 중점적으로 평가하는지 확인할 수 있다. 기술, 인력의 전문성, 납품 장비, 프로젝트 관리 등에 대한 배점이 표기되어 있다. 배점을 토대로 정리하면 효과적으로 슬라이드를 작성할 수 있다. 평가 항목 순서대로 슬라이드를 나열한다.

제안서 작성 완료 후 발표 슬라이드를 작성하려면 시간이 많지 않다. 촉박한 시간에 짜깁기로 마감하는 경우가 많고, 최종 제출 전까지 수정 보완하느라 밤을 새우는 경우도 많다. 제안은 후반으로 갈수록 구체화되고 재조정된다. 발표 자료보다 제안서에 집중하면 발표 슬라이드 작성 시간이 부족해진다. 그렇기 때문에 제안서와 병행해 발표 슬라이드를 꾸준히 작성해야 한다.

먼저 제안요청서와 회사의 솔루션과 고객 요구 사항을 명확히 한다. 그리고 제안서와 발표 슬라이드를 같이 정리해 작성하고, 발표 슬라이드를 시각화된 전략서로 활용한다. 전략서를 별도의 문서로 정리하기보다 발표 슬라이드로 구성해 보는 편이 더욱 효과적이다. 발표 슬라이드를 화면에 띄워놓고 구체적으로 전략을 구상하면 발표 전략까지 한 번에 준비할 수 있다. 그리고 세부적인 전략을 수정 보완하여 바꿔나갈 수 있다.

TiP

발표 슬라이드를 먼저 작성할 때의 장점

- 주요 핵심을 구체적으로 시각화할 수 있다.
- 준비 시간을 효율적으로 활용할 수 있다.
- 목차별로 주요 이슈와 전략을 구체적으로 파악할 수 있다.
- 전략기획서로 활용하여 핵심 사항을 정리할 수 있다.
- 우선순위를 선별할 수 있다.
- 발표 현장에서 발표하는 상상을 할 수 있다.
- 아이디어를 바로 반영할 수 있다.
- 전체 흐름을 파악할 수 있다.
- 평가 항목을 자세하게 분석하고 누락 없이 작성할 수 있다.

평가 항목 순으로 구성하라

모든 평가에는 평가 기준이 있다. 제안요청서의 평가 항목을 보면 평가 부문, 평가 항목, 세부 평가 요소, 배점이 안내되어 있다. 이를 확인하면 어떤 점이 평가에 반영되는지 알 수 있다. 평가 항목은 단순히 참고하라고 주어지는 것이 아니다. 하지만 요구 사항만 기술하기에도 바쁘기 때문에 대부분 평가 항목은 참고만 한다. 이기는 제안은 평가 항목을 명확히 이해하고 사소한 것 하나까지 다 분석한다. 평가 항목에서 중요한 부분과 중요하지 않은 부분을 검토하고 슬라이드를 정리한다.

발표 슬라이드는 평가 항목 순서대로 구성한다. 평가자는 내용을 세밀하게 보지 않는다. 요구 사항의 내용이 어디 있는지 못 찾겠다고 질문하는 평가자도 있다. 분명히 설명했는데도 내용을 놓치는 실수는 수없이 많다. 그러므로 발표 슬라이드는 평가 항목 순서대로 정렬하고 쉽게 정리한다. 평가 항목을 토대로 발표 슬라이드를 어떻게 구성하고 어떤 흐름으로 발표할지 검토한다. 오랫동안 고민해 큰 그림을 그리고 중복되는 부분은 없는지 검토한다.

평가 부문	평가 항목	세부 평가 요소	배점
추진 전략 (20)	사업 이해도	− 사업의 특성 및 목표에 대한 이해도 − 사업 수행 방법론 및 전략의 타당성	15
	기타 지원 사항	− 교육 및 기술 이전 방안의 적정성 − 기밀 보안 유지 방안의 적정성 − 사후관리 방안의 적정성	5
수행 계획 (30)	수행 내용	− 구축 사업 각 단계별 관리 방안 및 기술 지원 등의 적정성 − 유사 사업 실적 및 경험	20
	수행 일정	− 추진 일정 계획의 적정성 및 실현 가능성 − 구축 사업 지연 시 대응 방안의 적정성	10

| 평가 항목 예시 |

02 결론을 먼저 주장하라

도입부는 화려한 이미지보다는 단순하고 의미 있는 내용으로 구성하는 것이 좋다. 이미지도 두 개 정도만 활용해 아이디어 광고 이미지처럼 간명하게 구성하고, 임팩트 있는 도입부 설명을 하는 것이 좋다. 화려하고 복잡한 이미지보다 전체적인 콘셉트를 기술하고 전략에 의미를 부여할 수 있는 내용으로 사전 포석을 깔아 둔다. 평범하지 않되 평가자가 충분히 이해할 수 있는 내용으로 준비한다. 도입부에서는 제안 발표의 시작을 알리고 통찰력을 발휘하여 무엇이 중요한지 이해시킨다.

평가자가 주목할 때 승률을 높일 수 있다. 평가자는 평가를 위해 제안서 내용을 찾아보느라 시간을 많이 보낸다. 모니터만 보던 평가자가 발표 시작과 동시에 일제히 발표자를 쳐다본다면 일단 성공한 것이다.

결론부터 이야기하라

보고서를 쓸 때는 결론을 먼저 주장하라고 한다. 마찬가지로 제안 발표도 핵심 전략부터 소개하고 자사의 장점을 먼저 강조한다. 결론부터 이야기하고 사실을 바탕으로 논증한다. 예를 들자면 "소크라테스는 죽는다"라는 결론을 먼저 말하고 "그도 인간이다. 인간은 모두 죽는다"라고 논리적으로 설득하는 식이다. 이렇게 결론, 소전제, 대전제로 논리적으로 연결해야 설득력이 있다. 제안 설명은 결론부터 이야기해야 설득력이 높아진다. 그리고 단문으로 명확하게 설명하는 것이 설득력을 높인다.

내용을 단순하게 구성하라

마지막 순서로 발표한 적이 있다. 다섯 팀이 앞서 발표하고 오랜 기다림 끝에 발표장에 들어가니 평가자가 "핵심만 간단하게 발표하는 게 유리할 겁니다"라고 이야기해주었다. 앞의 다섯 업체의 제안을 평가하는 데 시간이 오래 걸렸기 때문이다. 보통은 두세 팀을 평

132

가하고 세 시간 이내에 끝난다. 그런데 여섯 팀이면 오후 시간을 다 잡아먹는다. 평가자도 시간을 쪼개어 참석한 만큼 다른 업무를 볼 시간이 부족해진다. 평가자도 핵심만 듣기를 원한다.

발표 슬라이드에 구구절절 설명해놓으면 시선 이동이 많아 메시지를 직관적으로 이해하기 어렵다. 설명이 많으면 내용이 명확하지 않거나 정보가 부족한 것처럼 보인다. 반면 도형과 키워드로 단순하게 구성하면 구구절절 설명하지 않아도 빨리 이해할 수 있다. 명확하게 전달할 때 자신감 있고 준비가 잘된 것으로 보인다.

따라서 바로 이해할 수 있게끔 화면을 구성해야 한다. 자연스럽게 발표를 진행할 수 있다면 목차도 생략하고 슬라이드 수도 줄여 핵심만 이야기하는 것이 좋다. 보통 15분 발표하면 20~30장 분량을 설명한다. 그러나 발표에 자신이 있다면 한두 장으로 15분간 설명할 수 있다. 핵심 사항을 명확히 이해하고 있다면 그것으로 충분하다. 하지만 발표를 어려워하는 발표자라면 단순한 화면 구성과 몇 장의 슬라이드만으로는 설명하기가 매우 어려울 것이다.

이기는 제안 슬라이드에 꼭 들어가는 것이 있다. 평가 항목, 이슈 정의, 기대 효과이다. 이 셋을 바탕으로 슬라이드 화면을 구성한다. 특히 10억 이하의 사업에서는 발표 없이 평가자가 온라인으로 제출된 파일만 보고 평가하는데, 이때 위의 세 가지를 중심으로 구성한 슬라이드는 더욱 유리하다. 발표 슬라이드보다 조금 더 설명이 필요하기 때문이다.

핵심은 서술형으로 설득하라

평가자는 평가를 준비하면서 제안서를 훑어본다. 내용이 방대하
다 보니 제안서보다는 발표 슬라이드를 더 참고하는데, 발표 슬라이
드를 보면 모두 요약으로 일관되어 있다. 요약된 것이 좋긴 하지만
모든 페이지에서 핵심 키워드만 반복된다. 그런데 핵심 키워드만으
로 설득이 될까? 결국 조금 더 궁금한 것은 발표 시에 설명해줄 것이
라고 생각하고 넘겨버린다. 따라서 발표 이전에 평가자를 설득하려
면 중요한 메시지는 서술해두어야 한다.

A와 B를 비교해보자. 발표를 위한 슬라이드이므로 A처럼 핵심
키워드로 정리하는 것은 무엇보다 중요하다. 그런데 모든 페이지가
A처럼 되어 있다면 발표자의 설명을 들어야만 이해할 수 있을 것이
다. 반면 B는 발표자의 설명 없이도 무슨 이야기를 하는지 알 수 있

A

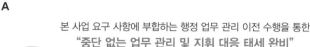

본 사업 요구 사항에 부합하는 행정 업무 관리 이전 수행을 통한
"중단 없는 업무 관리 및 지휘 대응 태세 완비"

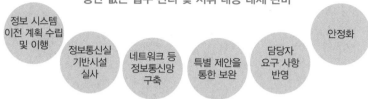

정보 시스템 이전 계획 수립 및 이행

정보통신실 기반시설 실사

네트워크 등 정보통신망 구축

특별 제안을 통한 보완

담당자 요구 사항 반영

안정화

| 핵심 키워드 중심 주장 |

B

금번 사업에 대한 OOO의 실질적, 특정의 요구 사항을 정확히 청취하고 제안에 반영하였는가?

제안사는 OOO 금번 사업 담당자외의 **수차례에 걸친 사전 요구 사항 청취**를 하였습니다.
또한, 타업체와 달리 현장 실사에 대한 **수차례의 밀도 있는 현장실사**를 통해 금번 사업을 준비하고,
담당자의 특정 요구, 추가 요구 사항을 특별 제안을 통해 보강하여 준비하였습니다.

| 핵심 키워드를 서술 형태로 주장 |

다. 설득이 필요한 부분은 발표 슬라이드만 보고도 쉽게 이해되고 설득될 수 있어야 한다. 이를 통해 평가자가 무슨 내용인지 미리 파악한다면 설득이 더욱 쉬워진다.

복잡한 것은 단순하게 구성하고, 단순한 것은 조금 더 서술한다. 그래야 이해가 빠르다. 평가자는 글을 쓰는 사람들이기에 활자에 익숙하다. 활자를 읽는 능력이 뛰어나므로 핵심 내용은 서술형으로 구성할 필요가 있다. 온통 도형과 그래프로만 구성할 게 아니라 중간에 이런 문장들을 크게 삽입한다면 발표 이전부터 평가자를 설득할 수 있다.

03 슬라이드 기획도 전략이다

슬라이드의 내용을 충실히 작성하는 것도 중요하지만, 고객을 대표하는 평가자를 쉽게 설득하는 전략도 중요하다. 즉, 평가 현장에 대한 이해가 필요하다. 평가자의 입장이 되어야 어떻게 평가하는지 이해할 수 있다.

평가자는 회의실에서 모니터를 보거나 산더미처럼 쌓여 있는 바인더를 뒤지며 비교 평가하기 위해 동분서주한다. 이때 우위를 점하려면 평가자에게 편의를 제공해야 한다. 평가를 하려면 내용이 어디에 있는지 알아야 한다. 해당 내용을 찾기 어렵다면 결국 찾지 않고 점수를 대충 줄 수밖에 없다. 쉽게 찾을 수 있게 해야 이해를 높일 수 있다.

발표 슬라이드에 평가표를 삽입하라

제안에는 평가 기준이 있다. 구두로 정하든 서면으로 정리하든 사전에 평가할 항목이 주어진다. 아무리 중요해도 평가 기준이 아니라면 의미가 없다. 오히려 고객을 이해하지 못하는 행위로 간주한다. 세상에 좋은 것은 얼마든지 많다. 제안은 고객이 원하는 것을 찾아 제공하는 것이지 그냥 좋은 것을 제공하는 것이 아니다. 이렇듯 제안은 곧 맞춤형 제안이다. 일반 기업 경영과는 전략이 달라야 한다.

평가자가 평가를 쉽게 할 수 있도록 발표 슬라이드를 평가 항목 순서로 정리한다. 여기에 근거 자료를 참조할 수 있게 제안서의 페이지 번호를 표시한 조견표를 넣으면 발표자의 주장이 제안서 몇 페이지에 있는지 쉽게 찾아볼 수 있다. 또 우측이나 하단에 평가표를 삽입하고 제안서와 요약서를 대조하기 쉽게 구성하여 평가에 도움을 줄 수 있다. 제안서의 내용을 보다 쉽게 파악할 수 있도록 안내하는 것이다. 조견표를 삽입하는 것만으로도 평가에 영향을 미칠 수 있다.

질의응답에 대비한 Q&A 슬라이드를 추가하라

제안에서 가장 어려운 부분이 질문에 답변하는 것이다. 순발력 있게 답변을 잘할 수 있다고 하더라도 내용을 이해하지 못한 상태라면 순발력만으로는 한계가 있다. 발표 뒤에는 발표 내용을 확인하기 위한 질문이 이어지는데, 짧게 끝날 때도 있지만 길게 늘어지는 경우도 많다. 예상된 질문이 나오면 반색하며 재빨리 준비된 답변을 한다. 적극적인 모습을 보이고 싶기 때문이다. 반면 예상하지 못한 질문이 나오면 당황한 나머지 이런저런 답변으로 시간을 보낸다. 일부러 시간을 길게 늘이기도 한다. 많은 질문을 받지 않기 위한 전략이다. 하지만 예상치 못한 질문에 대해서는 짧게 답변하는 편이 좋다. 어차피 모르는 내용이라면 길게 이야기해봐야 좋을 게 없다. 괜히 평가자에게 꼬투리를 잡히면 문제만 커진다.

슬라이드는 발표를 위한 내용으로 채워진다. 핵심 내용을 중심으로 기술하기 때문에 세부적인 내용을 넣기에는 무리가 있다. 따라서 평가자의 이해를 높이고 추가 질문을 방지하려면 추가 슬라이드가 필요하다. 또한 질의응답 시간이 중요하므로 부연 설명과 증명할 내용을 별도로 기술하고 답변할 때 해당 슬라이드를 보여주면 효과적으로 설명할 수 있다. 이때는 슬라이드 페이지를 기억했다가 단축키를 눌러 한 번에 보여주면 더욱 효과적이다. 예상되는 추가 질문에 대한 답변과 발표에 넣지 못한 중요한 이슈와 문제점을 발표 슬라이드 뒤의 별첨 Q&A 슬라이드에 기술하여 이를 보여주면서 답변한다면 프로젝트 수행 의지를 더욱 강조할 수 있다.

전체를 이해할 수 있도록 요약 정리하라

제안팀의 전략 내용을 전체적으로 통제하고 주요 사항을 구분하려면 전체 구성을 한눈에 볼 수 있도록 요약하여 관리하는 것이 좋다. 다양한 요구 사항과 미팅을 통해 얻은 정보를 정리하고 이해하려면 시간이 필요하다. 이를 위해서는 요약 정리가 중요하다. 제안 요청서를 요약하는 것이 불필요해 보일지도 모르지만, 60페이지가 넘는 자료를 한 페이지로 요약 정리해 한눈에 볼 수 있다면 업무 효율성을 높일 수 있다.

　제안요청서를 요약하면 매우 놀라운 결과를 얻을 수 있다. 60페이지의 내용 중 중요한 항목은 많지 않음을 알 수 있다. 제안요청서는 기본 틀이 있기 때문에 제안 참여를 위한 서류와 기타 행정 업무는 거의 똑같다. 사업 범위가 다를 뿐이다.

　요약 기술은 어떤 업무든 효과적으로 관리할 수 있는 중요한 도구다. 생각을 정리하는 데 사용하는 마인드맵은 복잡한 과정을 한 장으로 정리하는 데 많이 이용한다. 마인드맵으로 정리하면 요약해야 할 내용이 획기적으로 줄어든다. 마인드맵을 이용하면 중복도 피하고 전체 윤곽을 한 번에 이해할 수 있다. 보통 마인드맵은 하나의 원을 중심으로 좌우, 상하로 뻗어 나간다. 그런데 우측으로만 뻗어 나가도록 트리 구조를 나열하고 우측 위에서부터 목차 순서대로 정리하면 한결 명확하게 전체 구성을 이해할 수 있다.

중복되지 않게 정리하라

　전체 구성을 한눈에 볼 수 있도록 정보를 정리할 때에는 중복된 내용이나 누락된 정보가 없는지 살펴 정보 제공의 균형을 맞춰야 한다. 중복이나 누락 없이, 추가하거나 삭제할 것 없이 완벽한 구성을 만드는 기법을 MECE Mutually Exclusive and Collectively Exhaustive(상호 배제와 전체 포괄)라고 한다. 이는 항목들이 상호 배타적이면서 모였을 때는 완전한 전체를 이루는 것을 의미한다.

예를 들어 가위바위보에서 가위는 보를 이기고, 보는 바위를 이기고, 바위는 가위를 이긴다. 여기에 더 추가하거나 뺄 것이 있는가? 이렇게 전체를 채워 완성된 구성을 만드는 것이 MECE의 개념이다. 이 방법을 통해 누락된 부분은 채우고 중복된 부분은 다시 정리해서 관리한다. 이렇게 모든 정보를 중복과 누락 없이 정리해야 전략의 핵심 내용을 정리할 수 있다. 만약 가위바위보에서 가위가 없다면 게임의 룰이 성립하겠는가? 아예 가위바위보라는 게임조차 존재하지 않았을 것이다.

'일목요연하다'는 것은 '한 번 보고 대번에 알 수 있을 만큼 분명하고 뚜렷하다'는 말이다. 중복되지 않고 혼란이 없이 명확하다는 뜻이

문제 해결을 위한 MECE 적용 절차

- 중심 제목에 문제의 핵심을 기록
- 어떤 것이 문제의 핵심 요소인지 여러 가지 분류 기준으로 분해하여 기록
- 분해된 핵심 요소를 다시 하위 핵심 요소로 분해
- 분해된 핵심 요소가 중복과 누락 없이 전체를 포함하고 있는지 확인
- 분해된 요소 중 실행 가능한 요소 탐색
- 실행 가능한 요소를 분해할 수 없을 때까지 반복해서 분해
- MECE로 파악한 내용을 바탕으로 즉각 실행 가능한 대책을 제시
- 이상적인 해결책이 아닌 현상태에서 실행할 수 있는 최선의 해결책을 제시
- 최선이라고 판단하여 제시한 대책이 유효하지 않을 경우 선택하지 않은 방법 중에서 최선의 방법을 다시 제시하고 실행

다. 많은 정보를 분류하고 단순화해 혼란을 방지할 때 요약 정보는 통찰력을 제공할 수 있다. MECE는 이런 점에서 매우 강력한 정보 분류 방법으로, 한눈에 전체를 명확히 이해할 수 있도록 도와준다.

Check
- 슬라이드에 평가표를 삽입하고 평가하기 쉽게 구성하라.
- Q&A 슬라이드를 추가하여 질의응답에 명확하게 대응하라.
- 전체를 한눈에 볼 수 있게 구성하라.
- 중복되지 않게 구성하라.

04 제안의 생명, 콘셉트로 승부하라

"이번에는 어떤 전략을 준비했나?" "이번에는 콘셉트가 뭐지?" "고객 가치로 차별화할 수 있나?" 제안을 준비하다 보면 콘셉트, 차별화, 고객 가치, 전략, 이슈 등의 단어를 쉽게 접한다. 그런데 너무도 익숙한 단어이지만 이 단어들의 상관관계와 우선순위를 논하다 보면 혼란스러울 때가 많다. 전략과 콘셉트를 혼동하기도 한다.

일관된 콘셉트가 핵심을 극대화한다

콘셉트, 차별화, 전략, 고객 가치, 이슈 등을 각각 정의하면 추상적인 개념이 된다. 각각 독립적으로 존재할 때 과연 성공 요소로 중요한지 의문스럽다. 각 요소의 상관관계를 이해해야 생명력을 가진다. 이 단어들은 종합적인 연계 과정으로 묶었을 때 힘을 발휘할 수 있다.

사전적 의미

- 이슈: 쟁점, 논쟁거리, 논점
- 콘셉트: 어떤 작품이나 제품, 공연, 행사 따위에서 드러내려고 하는 주된 생각, 개념
- 차별화: 둘 이상의 대상을 각각 등급이나 수준 따위의 차이를 두어 구별한 상태
- 전략: 전쟁을 전반적으로 이끌어가는 방법이나 책략
- 고객 가치: 목표 결과물 달성을 통한 기대 효과

기본 바탕은 사업의 이해이다. 사업의 이해는 고객의 요구 사항과 대내외 환경, 이슈 등으로 구성된다. 문제 해결 단계는 사업의 이해를 바탕으로 한 솔루션을 제공한다. 솔루션에 대한 방안이 수립되면 보다 우수한 업체를 선정하여 고객 만족도를 극대화한다. 이를 통해 고객이 원하는 것을 실현한다.

- 사업의 이해(분석, 이슈): 고객의 비전, 계획, 요구 사항, 제안요청서 등
- 솔루션(해결, 완성): 가치 실현 및 문제 해결 솔루션, 인력, 품질, 기간, 비용, 사업 관리 등

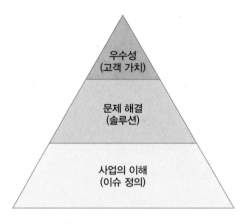

| 경쟁 제안 전략 구성도 |

- 가치(자사의 우수성을 차별화로 강조): 수행 후 기대 효과, 목표 산
  출물, 결과물

　여기서 전략은 모든 과정을 정립하고 전략을 수립하기 위한 맥락
을 정리한다. 사업을 분석하고 범위를 이해하고 목표와 현재 상황
과의 차이를 확인한다. 그 차이를 이슈로 판단한다.
　목표를 이루기 위한 솔루션을 구성하고 보완한다. 전략은 사업을
성공적으로 수행하기 위한 솔루션이 되고, 추가 콘셉트를 정의하여
경쟁에서 이기기 위한 고객 가치를 실현하는 콘셉트 전략이 된다.

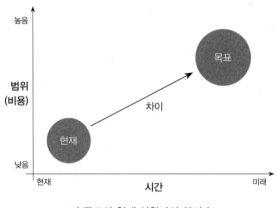

| 목표와 현재 상황과의 차이 |

정보를 하나의 콘셉트로 엮는 전략

'3C'라고 부르는 고객, 자사, 경쟁사를 모두 비교하여 차별화된 전략을 수립한다. 경쟁사가 못하는 부분은 강조하고 경쟁사가 잘하는 부분은 약화시킨다. 그리고 우리의 강점을 극대화하여 강조한다. 분석을 통해 경쟁 우위를 주장하지만 그 주장은 왠지 힘이 없어 보인다. 2퍼센트 부족한 느낌을 지울 수 없다.

콘셉트concept의 어원을 살펴보면 '하나로 모아con 붙잡다cept'라는 뜻이다. 구슬이 서 말이라도 꿰어야 보배이듯 맥락이 중요하다. 고객 가치를 반영해 차별화된 전략을 수립하고서도 한마디로 콘셉트를 이야기하지 못할 때가 많다. 좋은 의도로 전략을 수립하고 이기

144

기 위한 전략과 수행 전략을 수립했지만 그리 감동적이거나 감성적이지 못하다. 2퍼센트 부족한 느낌이다. 이는 전략을 잘 수립하고서도 고객 가치와 전략적 가치를 명확하게 연결하지 못했기 때문이다. 전략에는 분명한 의도가 있는데 그것을 하나로 모아 핵심을 전달할 때 강력한 전략을 수립했다고 할 수 있다.

차별화되고 강력한 전략을 수립했다면, 이제 그 전략에 생명을 불어넣어야 한다. 그것이 곧 메시지이다. 고객 가치와 이어지는 전략이어야 한다. 하나의 핵심을 정의하여 무엇이 중요한지 한눈에 보일 수 있다면 그보다 좋은 통찰력이 없다. 핵심 가치를 콘셉트로 정의하여 주장할 때 전략의 가치가 빛을 발한다.

Check
- 핵심 이슈를 콘셉트로 정하라.
- 고객의 비전과 연계된 콘셉트를 정의하라.
- 하나의 콘셉트로 전체를 이해할 수 있게 하라.

05 강력한 콘셉트가 고객 감동을 선사한다

콘셉트는 명확한 메시지를 전달한다. 전략과 고객의 가치를 이어주는 핵심 메시지 역할을 한다. 경쟁에서 핵심 메시지 하나를 정확히 전달하려면 많은 노력과 노하우가 필요하다. 슬라이드 화면에 핵심 콘셉트를 일관성 있게 구성해 평가자에게 각인시켜서 0.1점이라도 더 받으려는 준비가 필요하다.

콘셉트 디자이너

개별 단위로 보았을 때 이슈, 전략, 가치, 차별화, 콘셉트(일관성 있는 핵심 메시지)는 모두 중요한 요소로 우위를 가릴 수 없다. 그러나 그중에서도 핵심을 꼽으라면 단연 콘셉트이다. 다양한 전략을 수행하면서 하나의 핵심 가치로 통합하고 강력한 메시지를 줄 수 있는 것이 콘셉트이기 때문이다.

카카오의 홍보이사·커뮤니케이션 전략 고문을 지낸 바 있는 '관점 디자이너' 박용후는 훌륭한 마케터이다. 고객의 생각을 디자인하는 그는 콘셉트 디자이너이기도 하다. 관점이 곧 콘셉트를 컨트롤하는 것이기 때문이다. 박용후는 머릿속에 콘셉트가 많은 것도 좋지만 많은 콘셉트를 어떻게 연결하는지가 더 중요하다고 한다. 마찬가지로 제안에서도 다양한 아이디어를 수집하는 것도 좋지만 고객 가치로 이어지는 연결고리가 더 중요하다.

사업을 어떻게 수행할 것인지 실행 방안과 목표를 설정하고 다양한 전략을 구사하여 사업을 수행하게 된다. 제안 단계에서부터 고객의 가치를 반영하고 전략을 수립하는 것은 기본이다. 고객 가치는 이미 기업의 비전에 나타나 있고 기업 슬로건과 로고에 활용되고 있다. 발주처의 관심과 목표를 함께하여 제안에 힘을 더하는 방향으로 콘셉트를 정의해 제안 전략의 가치를 극대화한다.

가치 제안을 구축하라

전략의 핵심을 하나로 모아 고객 가치에 부합하는 메시지를 구축하고 전달한다. 그것이 제안 전략에서 콘셉트가 가지는 중요한 역할이다. 강력한 전략 콘셉트는 브랜드 가치와 같이 솔루션으로 연결할 수 있고, 테마와 슬로건, 로고로 이어질 수 있는 확장성을 띤다. 제안 전략 자체가 하나의 솔루션으로 그에 합당한 콘셉트를 적용하여 솔루션 브랜드를 만들 수 있다. 만약 후발 주자로서 선두 업체를 이기고 싶다면, 고객을 감동시키는 강력한 콘셉트가 필요하다. 우수한 전략만으로는 가치를 설명하기에 부족하다. 전략 위에 강력한 메시지, 즉 콘셉트가 있고, 이것을 고객 가치와 연결하여 경쟁 우위의 가치를 구축할 수 있다.

그렇다면 콘셉트는 어떻게 도출해야 할까? 제안을 준비하면서 이슈와 문제는 이미 분석되었고 전략도 수립되었다. 하지만 고객은 경쟁사에도 정보를 제공한다. 고객과 친하다고 안심할 수 없다. 제안의 다양한 정보를 하나의 콘셉트, 즉 맥락으로 꿰어 자사의 차별적인 가치를 하나의 메시지로 제공하여 강한 인상을 남긴다. 성공적인 제안을 위해서는 강한 메시지가 필요하다. 콘셉트를 명확하게 제공하여 제안에 힘을 실어주고 강한 인상으로 기억에 남게 유도한다.

《기회의 99퍼센트는 컨셉으로 만든다》의 저자 탁정언에 따르면 기원전 그리스의 철학자 플라톤은 눈에 보이는 사물과 현상의 차원을 넘어 보편적이면서도 본질적인 이데아가 존재한다고 주장했는데, 그 이데아가 바로 콘셉트의 원형이다. 그는 "기획은 틀을 만드는 일이며, 전략은 기획이라는 틀에 담을 내용을 수립하는 일이고, 콘셉트는 전략의 알맹이를 찾아내는 일"이라고 주장한다.

《끌리는 컨셉의 법칙》에서 김근배는 세계적 히트 상품 속 정교한 콘셉트의 비밀 17가지를 밝히는데, 그중에서도 "콘셉트를 흐트러지지 않게 하나로 꿰어라"라며 일관성을 중요하게 제시한다. 콘셉트는 핵심 메시지 하나를 정의하여 제안 전략 전반에서 활용할 수 있다. 특히 도입부에 좋은 아이디어로 메시지를 강하게 주장할 수 있다.

이슈에 따른 콘셉트 정의

제안요청서를 분석하면서 핵심만 잘 요약 정리해도 콘셉트를 정의할 수 있고 통찰력을 보여줄 수 있다. 발주처의 고려 사항과 프로젝트, 사업의 기술적 이슈 등 다양한 관점에서 이슈를 정의하고 가장 중요하게 부각되는 문제를 하나만 명확하게 전달하여 수행에 필요한 콘셉트를 정의한다. 사업의 목적과 발주처의 비전과 이념 등

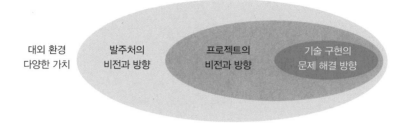

| 이슈별 콘셉트의 정의 |

다양한 정보를 수집한 뒤 고객의 입장에서 사업을 바라보고 대내외 환경을 이해하고 전략과 콘셉트를 정의한다.

광고에서는 메인 카피 한 줄이 핵심 콘셉트이며, 책에서는 제목 한 줄이 핵심 콘셉트이다. 제안에서는 전략 문구 한 줄이 핵심 콘셉 트가 된다. 이는 제안하는 사업 명칭에 슬로건을 연계하여 구성한다.

그렇다면 수주 영업의 제안 콘셉트는 어떻게 정의할까? 첫째로 생각해볼 문제는 '왜 이 제안을 하는가'이다. 제안을 통한 기대 효과 를 정의할 필요가 있다. 즉, 전달하고자 하는 효용 가치(솔루션과 해결 방안 등 자사가 제공할 수 있는 가치)를 하나의 메시지로 압축할 수 있 어야 한다. 둘째는 이번 사업 발주를 통해 '고객은 무엇을 얻을 수 있는가'이다. 이 메시지가 고객에게 필요한 솔루션인지, 가치 있는 서비스를 제공하고 고객의 니즈에 부합하는지 검토한다. 셋째로 '경쟁사는 어디이며, 어떤 준비를 하는지, 차별화된 가치를 제공하는 지' 검토한다. 경쟁사의 전략이 고객의 니즈를 충족하는지, 부족한 부분은 무엇인지, 경쟁사가 충족하지 못하는 고객의 니즈는 없는지 검토하여 경쟁사와 차별화한다. 콘셉트는 고객 중심의 차별화된 경쟁력이 있어야 한다. 따라서 더욱 창조적이고 독창적인 아이디어가 필요하다.

Check

- 하나의 콘셉트가 전체를 이끈다.
- 잘 키운 콘셉트가 유리한 입지를 만든다.

실패하는 슬라이드와 성공하는 슬라이드

실패하는 슬라이드	성공하는 슬라이드
슬라이드는 제안서 작성이 끝난 뒤 작성한다.	슬라이드를 먼저 구상하고 제안서와 병행해 작성한다.
제안서의 주요 내용을 그대로 적용한다.	이해하기 쉽게 주요 내용을 편집한다.
제품 소개를 자세히 많이 넣는다.	이슈와 방안, 기대 효과를 강조한다.
내용을 많이 넣을수록 좋다.	전체 구조를 알기 쉽게 구성한다.
전략이 좋으면 된다.	콘셉트를 묶어 유리한 관점으로 전환한다.
요구 사항 중심으로 강조한다.	평가 항목 기준으로 강조한다.
디자인에 신경을 많이 쓴다.	Q&A 슬라이드를 추가한다.
설명이 많고 페이지가 많을수록 좋다.	결론부터 정리하고, 요약 정리한다.

이것만 알면 당신도 스티브 잡스

제안에서 발표는 매우 중요하다. 제안의 꽃은 발표다. 그동안의 노력이 발표를 통해 한순간에 결정된다. 몇 달간을 준비하여 단 하루에 승부를 보는 것이다. 발표는 언제나 부담된다. 실수하지 않기 위해 매번 연습하지만, 일정이 촉박하면 연습할 시간도 부족하다. 제안서 작성하기에도 바쁘기 때문이다. 미리 준비하지 않으면 결국 연습을 못 하게 된다. 부족한 연습은 발표장에서 그대로 표가 난다. 어디선가 불쑥 틀리거나 말문이 막힌다. 이런 경험은 누구나 있다. 발표를 못해서가 아니라 연습을 안 해서이다. 나 역시 한번 발표에서 크게 실수한 뒤로 나는 발표를 못한다는 생각에 사로잡혀 다시는 발표하지 않겠다고 다짐하기도 했다. 결국 그 트라우마는 발표 연습으로 극복했다. 발표 연습에는 집중력과 충분한 시간이 필요하다.

발표자에게는 중요한 자질이 있다. 사업에 대한 이해가 높아야 함은 물론이고, 고객 가치를 우선으로 하는 사고와 긍정적인 자세가 필요하다. 또한 질문에 답변하는 능력이 필요하다. 박빙의 점수 차이를 극복하기 위해서는 각고의 노력이 필요하다. 슬라이드를 보면서는 자신 있게 이야기할 수 있지만, 기본 정보가 없으면 질의응답 시간이 힘들어진다.

발표는 개인의 역량의 문제이기도 하지만, 회사의 제안 프로세스와도 연관이 있다. 제안 규모에 따라 연습 시간에 차이가 있고 기업마다 제안 프로세스가 다르기 때문이다. 제안 발표 3일 전에는 시나리오와 문구가 모두 완료되어 있어야 한다. 제안 비용과 시간에도 선택과 집중을 해야 한다. 제안서보다는 요약서, 요약서보다는 발표 슬라이드, 발표 슬라이드보다는 발표와 질의응답에 집중한다.

01 연습만이 살길이다

단독 응찰로 유찰이 예상되는 사업이 있었다. 시스템을 고도화하는 사업으로 우리 회사 외의 다른 업체는 참여하기 어려운 사업이었다. 어차피 유찰될 가능성이 높았기에 여유 있게 제안 작업을 했다.

발표 슬라이드도 완성했다. 그런데 다른 업체가 참여할 것 같다는 정보를 입수한 사장님이 지금 한번 발표를 보자고 주문했다. 어차피 연습도 해야 하니까 연습이라 생각하고 임했다. 하지만 역시나 연습을 전혀 안 한 상황에서 발표는 엉망진창이었다. 처음 몇 마디에서 말문이 막혀버렸다. 독사 눈을 한 사장님 앞이라 더 그렇게 된 것인지도 모르지만, 단어들이 당최 입에 붙지 않았다. 머리로 이해하고 있는 것과 말로 표현하는 것은 확연히 달랐다. 결국 발표 못하는 사람으로 찍히고, 다시 준비하느라 엄청 고생했다. 연습하지 않으면 발표 못하는 사람으로 찍힌다. 안 그러려면 연습을 열심히 하는 수밖에 없다.

발표를 잘하는 사람들의 공통점은 연습을 많이 한다는 것이다. 발표 잘하기로 유명했던 스티브 잡스도 지독한 연습 벌레였다. 김대중, 노무현, 오바마 대통령도 연설에 앞서 연습을 많이 한 것으로 유명하다. 사람들 앞에 많이 서본 사람일수록 연습을 많이 한다. 사람들 앞에서 떠듬거렸던 기억 때문에 한순간도 방심하지 않는다. 오로지 연습만이 답이다. 연습 없이 사람들 앞에 서는 것은 스스로 독약을 마시는 꼴이다. 연습 없는 발표는 발표에 대한 트라우마만 남기고, 스스로를 발표도 못하는 '루저'로 만든다. 이를 극복하려면 다시 발표를 잘하는 수밖에 없다.

사람들은 발표를 어려워한다. 발표는 항상 떨리는 순간이다. 물론 처음부터 잘하는 사람은 없다. 실패를 통해 발전하며 경험을 쌓는다. 발표 연습은 일찍 하는 것이 좋다. 그리고 많이 할수록 좋다. 발표를 잘하려면 연습을 많이 하는 방법이 최고다. 노력하는 만큼 발전하는 것이 발표다. 청중을 어떻게 설득하고 감동시킬지 상상한다. 발표 시나리오 구상과 제안서 작성을 함께 진행하는 것만큼 좋은 것이 없다. 처음에는 혼자 연습하고 이후 동료, 팀원과 연습한다. 연습할 때는 발음에 문제가 없는지, 발표 시나리오는 문제가 없는지, 단어 선택은 잘되었는지, 도입부 아이디어는 좋은지, 임팩트가 있는지, 마무리 발언은 어떻게 해야 하는지 등등을 전부 살펴야 한다.

단어가 입에 붙어야 한다

처음에는 주요 단어가 입에 붙지 않는다. 단어도 생소하고 회사명도 길어서 헷갈리는 경우가 많다. 평소에 해당 단어를 발음하여 단어가 입에서 막힘없이 나오도록 연습한다. 특히 발주처의 상호를 명확히 발음해야 한다. 단어가 입에 붙지 않아 발표 연습 시간이 길어지는 경우가 많다. 생소한 단어를 익숙한 단어로 바꾸는 것이 발표 연습의 첫 단계이다. 제안요청서에는 발주 기관명, 사업명, 제품명 등 다양한 명칭이 등장한다. 발음이 입에 붙도록 꾸준히 연습하고 혼동하지 않도록 주의한다. 발표 때 타 기관의 이름을 발음하기도 하는데, 이는 자기도 모르게 무의식에서 나온 것이다. 그러므로 연습을 통해 잠재의식에 단어를 입력해야 한다. 눈으로 읽는 것과 소리 내어 읽는 것은 다르다. 단어를 소리 내어 읽어 잠재의식 속에 심어주는 연습을 해야 한다. 연습만이 살길이다.

연습을 일찍 시작하라

보통 표지, 핵심 키워드, 목차, 사업의 개요, 범위, 회사 소개 순으로 발표 슬라이드를 구성하는데, 목차에 나오는 흐름을 기억하고 있어야 한다. 앞장과 뒷장의 연관 관계를 이해하고 발표 연습을 하면 다음에 어떤 슬라이드가 나오는지 알 수 있다. 적어도 사흘은 꾸준히 연습해야 슬라이드를 안 보고도 발표하는 수준까지 올라갈 수 있다. 완벽하게 준비하려면 일주일은 연습해야 한다. 그러나 제안서 쓰기에 바빠 연습을 뒤로 미루는 경향이 있다. 그러므로 제안서를 쓰는 중에 꾸준히 발표 연습을 해야 한다. 이렇게 아무리 이야기해도 바쁘다는 핑계로 발표 연습을 뒤로 미루고, 제안서를 끝내고 나서야 진행하는 경우를 많이 본다. 하지만 제안서를 끝내고 연습하는 모습을 보면, 전문가가 아닌 이상 대부분 실수투성이다. 그제야 연습을 미리 할 걸 하고 후회하지만 그때뿐이다. 다음 프로젝트에서 똑같은 실수를 반복한다. 발표 연습은 제안서 시작 단계에서부터 꾸준히 해야 한다.

발표 슬라이드를 안 보고도 발표하는 수준이 되려면 발표 시나리오와 발표 문구가 적어도 일주일 전에는 완성되어 있어야 한다. 그

때부터 연습해야 슬라이드를 안 보고도 발표할 수 있다. 아무리 시간이 촉박해도 최소 발표 2~3일 전에는 발표 시나리오와 발표 문구를 마무리해야 한다. 그런 다음 충분한 시간을 확보하고 연습에 집중한다. 문구도 변경하면 안 된다. 단, 발표를 보다 매끄럽게 하기 위한 수정 보완은 필요하다.

발표도 커닝이 필요하다

발표 슬라이드에서 중요 사항은 레이저 포인터로 가리키며 발표한다. 평가자들은 발표자의 설명이 어떤 부분을 이야기하는지 궁금해한다. 때로는 발표지가 발표 슬라이드의 어느 부분을 이야기하는지 찾지 못하기도 한다. 그러므로 슬라이드에서 레이저 포인터로 단어를 찍어주고 읽어주면서 발표하는 것이 좋다.

전문가가 아니고서는 발표 슬라이드를 보지 않은 채 평가자만 보고 발표할 수는 없다. 보통 발표 슬라이드 30퍼센트, 평가자 70퍼센트로 시선을 분배하는 것이 바람직하다고 본다. 그러나 이렇게 하려면 연습이 많이 필요하다. 연습이 잘된다면 괜찮지만 짧은 시간에 연습하기에는 무리가 있다. 그러니 발표 시 말이 막힐 때는 자연스럽게 발표 슬라이드의 주요 항목을 레이저 포인터로 가리키면서 주요 문구를 읽어주는 것이 도움이 된다. 일종의 커닝인 셈이다. 위기의 순간 레이저 포인터로 슬라이드 속 주요 단어를 가리키며 시선의 흐름을 고정해주면, 자연스럽게 발표 슬라이드를 보면서 평가자를 설득할 수 있다. 그러니 무조건 평가자를 보고 설명한다는 생각은 버려야 한다.

Check

- 발표는 연습이 생명이다.
- 단어가 입에서 술술 나오게 먼저 연습하라.
- 발표 시나리오를 직접 챙겨야 발표를 잘할 수 있다.
- 슬라이드를 보지 않겠다는 생각을 버려라.

02 아무리 좋아도 시간이 없으면 못 한다

"3분 남았습니다."

평가자가 발표 시간이 얼마나 남았는지 발표 도중에 알려주는 소리다. 발표를 연습할 때는 반드시 제한 시간을 고려해야 한다. 보통 발표에 15분, 질의응답에 15분이 주어진다. 15분 발표 시간을 넘기면 발표가 중단된다. 평가자가 시간을 재면서 5분 혹은 3분이 남았다고 알려준다. 시간이 촉박해지면 당황할 수 있다. 발표가 끝나지 않았는데도 시간을 넘기면 강제로 중단된다. 이는 공정한 평가를 위한 조치로, 결과 발표 이후의 민원을 방지하기 위해서다.

그러므로 연습할 때는 반드시 정해진 발표 시간을 준수하며 연습한다. 처음부터 끝까지 발표해보고 시간에 문제가 없는지 점검한다. 연습을 해보면 어느 부분에서 설명을 많이 하고 어느 부분을 생략하거나 축소해야 하는지 알 수 있다. 발표 시간을 정해놓지 않으면 40분도 할 수 있다. 전략을 소개하고, 기술적인 문제를 이야기하며, 사업 관리와 인력 구성에 대해 차근차근 이야기하면 두 시간도 할 수 있다. 그런데 15분 만에 마치려면 핵심 중심으로 발표해야 한다. 15분을 정확히 채우기보다는 13~14분에 끝내는 것이 좋다. 더 일찍 끝내도 된다. 할 이야기가 많아도 핵심만 이야기하면 된다. 세부적인 사항은 평가자의 질문에 답하는 형식으로 내용을 준비해두어야 한다.

발표 스크립트를 작성하라

발표 시나리오가 완성되었다면 스크립트를 작성한다. 스크립트는 파워포인트 하단 노트에 입력하여 관리한다. 스크립트는 도입부를 임팩트 있게 작성하는 것에서 출발한다. 장황한 설명보다는 압축되고 요약된 내용이 좋고, 장이 넘어갈 때 연결해주는 멘트도 필요하다. 예를 들어 제안 발표 앞부분에는 항상 '사업의 개요'가 등장한다. 사업의 전반적인 배경과 목표를 이야기하고 '사업 범위'로 넘어간다. 이때 다음 슬라이드를 펼치고 "다음은 사업 범위입니다"라고 시작한다면 얼마나 딱딱한가? 시간도 잡아먹는다. 대신 '사업의 개요' 슬라이드에서 '사업 범위' 슬라이드로 넘기기 전에 "이 목표를 달성하기 위한 사업 범위는…"이라고 이야기하며 사업 범위 슬라이드를 보여주면 진행이 한결 부드럽다. 그러면 '사업 범위'라는 슬라이드 제목을 다시 이야기할 필요 없이 흐름을 이어갈 수 있다.

발표 스크립트는 다음으로 구성된다.

- Why(왜): 사업 개요, 사업 발주 배경, 사업 목표, 기대 효과, 문제점은 무엇인가?
- What(무엇을): 사업 범위, 이슈 해결을 위한 추가 제안은 무엇인가?
- How(어떻게): 성공적 사업 수행을 위해 어떤 전략과 전술로 사업을 수행하는가?
- Chance(기대 효과): 수행 방안을 통해 얻을 수 있는 가치는 무엇인가?

도입부에서는 본 사업의 핵심을 논하고, 자사의 경쟁력으로 문제를 극복할 수 있으며, 해결 방안을 준비했다는 자신감을 보여준다. 예상되는 핵심 이슈와 주요 검토 내용을 논하고 하나의 명확한 콘셉트를 소개하며 평가자가 사업 제안의 핵심을 이해할 수 있도록 유도한다.

사업 개요에는 사업에 대한 전반적인 이해를 담는다. 왜 이 사업을 시작하게 되었는지, 어떻게 사업을 수행하는지, 그리고 어떤 전략으로 임하는지를 논한다.

회사 소개에서는 회사의 차별성을 강조한다. 유사 실적과 신용등급, 회사의 규모, 전문 인력 구성을 비교하여 경쟁사보다 우위에 있는 부분을 강조한다.

기술 사항은 문제 해결을 위한 솔루션에 대해 기술한다. 이슈는 무엇이며 어떤 해결 방안이 있는지 기술한다. 제안요청서의 요구 사항과 고객과의 미팅을 통해 파악한 비공개 요구 사항을 연계하여 구성한다. 그러면 제안요청시의 요구 사항이 왜 나왔는지 그 배경을 이해할 수 있다. 이를 바탕으로 기술적인 부분보다 그 솔루션이 필요한 이유를 설명하면 설득력을 높일 수 있다.

기술 지원은 기술적인 부분에 보완되어야 할 사항과 이슈 관리에 대한 항목이다. 회사가 가지고 있는 기본적인 지원 항목으로 구축이나 납품 이외의 항목을 기술한다.

사업 관리는 일정에 대한 이슈와 조직 구성의 이슈를 강조하고 차별화 전략을 기술한다.

마무리 발언에서는 앞의 차별화 전략을 한 번 더 주장하고 자사의 노력을 간접적으로 기술한다.

최종 스크립트는 발성 연습으로 문구를 매끄럽게 한 번 더 정리하고 팀원들에게 공유하여 수정 보완한다. 발표 연습을 하다 보면 자기가 무슨 이야기를 하는지 스스로 이해가 안 될 때가 있는데, 그릴 때는 과감하게 수정하여 자기가 알 수 있는 문구로 채운다. 남이 써준 발표 문구를 그대로 읽는 것은 영혼 없이 그저 앵무새 역할을 하는 것이다. 그러면 말에 힘이 없다. 발표에 힘이 없으면 금방 눈치 챈다. 단순히 발표 연습만 했는지, 내용을 이해하고 설득하려고 하는지 평가자는 귀신같이 알아챈다. 그러니 발표자는 모든 내용을 다 이해해야 하고, 이해를 못 하면 이해가 되는 문구로 바꿔야 한다. 그렇다고 화려하고 멋있는 문구로 바꾸는 것은 금물이다. 잘 보이기 위한 문구는 없는 것만 못하다. 자기 자랑이나 언변 자랑은 꼴 보기 싫을 뿐이다. 내용을 이어서 길게 설명하는 것도 금물이다. 단문으로 짧게 구성해야 발표도 쉽고 평가자의 귀에도 잘 들어온다.

Check

• 하고 싶은 걸 다 할 수는 없다. 핵심 중심의 설명이 강한 인상을 남긴다.

03 말과 글은 짧을수록 명확해진다

무엇이든 문장으로 표현하는 것은 어렵다. 명확하게 이해할 수 있도록 쓰는 것은 더 어렵다. 그러려면 단문으로 결론부터 쓰는 것이 좋다. 그런데 현장에서는 짧게 끊어 쓰지를 못한다. 접속사를 붙여 계속 이어가다 보면 결국 복잡한 문장이 된다.

한 번 읽고서 바로 이해되는 문장이 좋은 문장이다. 문장을 명확하게 쓰려면 단문으로 끊어서 써야 한다. 단문은 "철수는 똑똑하다"처럼 주어와 서술어가 각각 하나씩 있는 문장을 말한다. 반면 복문은 "철수는 영어를 잘하고 영희는 프랑스어를 잘한다"처럼 주어와 서술어가 두 번 이상 들어 있는 문장을 말한다. 쉽고 명확한 것은 단문이며, 그만큼 짧게 쓰는 것이 중요하다. 사람을 설득할 때도 단문으로 명확하게 설득하는 것이 쉽다.

쉬워야 통한다

제안서든 발표 자료든 모든 글에서 단문이 유용하다. 하지만 복문을 많이 쓰는데, 복잡하게 써야 더 좋은 문장이라고 착각하기 때문이다. 하지만 복문은 복잡한 만큼 이해와 전달이 어렵다. 문장이 길다면 끊어서 써야 설득력이 높아진다. 제안과 설득에서는 논리적인 말이 더 중요하므로 "이렇게 했습니다. 그래서 그렇게 됩니다"라고 정확하게 설명해야 한다. 발표도 "이번 안건의 핵심은 ○○입니다"라고 단문으로 결론부터 시작하면 강한 인상을 남길 수 있다. 명확할수록 강한 인상을 남긴다.

말도 짧을수록 맵다

"작은 고추가 맵다"라는 속담이 있다. 식당에서 작은 고추를 먹고 너무 매워 눈물을 흘려본 경험이 있을 것이다. 작은 고추가 맵듯 문장도 짧은 문장이 맵다. 즉, 의미가 강렬하고 기억에 잘 남는다.

코미디언 김국진은 발음이 조금 어눌하고 혀 짧은 소리를 한다. 그러니 얼마나 말에 신경 쓰겠는가? 그런데 이분의 이야기를 들어 보면 말이 귀에 쏙쏙 들어온다. 짧고 명확하게 발음하기 때문이다. 자신의 핸디캡을 극복하고 대중 앞에 나와 사람을 웃긴다는 것은 정말 대단한 일이다. 말이 어눌한 사람이 제안 발표를 통해 수주했다는 이야기를 종종 듣는다. 말주변도 없고 발음이 어눌한 사람이 어떻게 말 잘하는 경쟁 업체를 제치고 수주를 할 수 있었을까? 발음이 불편한 사람은 말을 길게 하기를 꺼린다. 어눌함을 줄이기 위해 짧게 핵심만 이야기하고 끝내게 된다. 경쟁 발표는 화려한 말발보다 명확한 설명으로 진솔하게 청중을 설득하는 것이다. 그렇기에 짧은 말이 더 힘 있는 주장이 된다.

《유시민의 글쓰기 특강》에서 유시민은 많은 지식과 멋진 어휘, 화려한 문장을 자랑한다고 해서 훌륭한 글이 되는 게 아니며, 독자가 편하게 읽고 쉽게 이해할 수 있도록 쓰는 것이 기본이라고 이야기한다. 발표도 쉽게 써야 쉽게 발표할 수 있고, 듣는 사람도 쉽게 이해할 수 있다. 열성적으로 웅변하듯 많은 이야기를 하는 것보다

천천히 논리적으로 명확하게 듣기 편하고 쉽게 이야기해야 귀에 들어오며 기억에 남게 된다. 듣기 쉬운 단문으로 발표해야 명확해진다. 그리고 명확해야 설득력이 강해진다.

Check

- 짧을수록 명확해진다.

04 진정성 있는 발표를 하라

오랜 준비가 끝나고 이제 결전의 시간만 남았다. 사무실에서 발표장으로 출발한다. 오늘 발표하고 나면 그간의 노고를 보상받을 수 있다는 생각이 앞선다. "오늘만 잘 끝내면 주말에 푹 쉬어야지!" 긴장한 만큼 휴식은 달콤하다. 그 달콤함은 발표의 부담을 덜어준다. 충분히 준비했다고 자부하지만 발표장에 즐겁게 가는 것이 어디 쉬운 일인가? 특히 부서의 사활이 걸린 일이라면 더할 것이다. 발표를 잘해야 회사에서 대우받고 능력을 인정받는다. 발표를 못하면 능력이 없다고 인식되어 언제 잘릴지 모르는 신세가 된다. 남 앞에 서본 적이 없다고 발표를 피해 다닌다고 해결될 문제가 아니다. 직장에서는 발표할 기회가 너무 많다. 사람들 앞에서 떠는 경험도 소중하다. 처음부터 잘하는 사람은 없으니 자신의 문제를 인식하고 슬기

롭게 개척해나가는 지혜가 필요하다. 항상 준비된 자세여야 한다. 정신력을 강화하여 떨지 않도록 연습한다. 잘할 수 있다는 자신감을 보일 때 더 잘할 수 있다.

발표를 잘하기 위해 다양한 제스처를 익히고 떨림을 없애려고 노력하는 것도 좋지만, 발표는 결국 설득이다. 자신의 주장과 설명을 명확히 이해하고 있어야 한다. 발표자의 열정이 있다면 목소리가 떨려도 그 진정성 때문에 멋있어 보인다. 진정성이 담겨 있지 않으면 어떤 몸짓과 눈빛을 해도 설득력이 반감될 뿐이다. 요행을 바라면 평가자가 알아본다. 발표 준비가 미흡한 것도, 급히 준비한 것도 다 표시가 난다. 발표하는 모습을 보면 얼마큼 준비했는지, 원래 잘하는 사람인지, 못하는데 연습을 많이 했는지 다 보인다. 그러니 요행을 기대해서는 안 된다.

발표만 전문으로 하는 전문가도 프로젝트를 얼마큼 이해하고 있는지 질의응답 시간에 물어보면 금세 표가 난다. 참여하는 프로젝트마다 성격이 다르고 발주처가 다르기 때문에 발표만 잘한다고 수주를 할 수 있는 건 아니다. 발표만 잘하는 것에는 한계가 있다.

모르는 것을 아는 척하거나 불리한 부분을 누락하거나 감추면 표시가 나게 되어 있다. 그러니 속이려 해서는 안 된다. 그보다 제안요청서를 한 번이라도 더 보는 편이 낫다. 기본은 지켜야 한다. 오히려 불리한 부분도 노출하고 모르면 모른다고 하는 것이 자신감이다. 모르는 것을 아는 것도 능력이기 때문이다. 솔직하고 자연스럽게 이야기할 때 더 힘 있는 주장을 할 수 있다. 또 진정성 없는 표정이나 몸동작도 표시가 난다. 솔직하고 자연스럽게 자신감을 키우고 진정성을 유지하는 자세가 무엇보다 중요하다.

제안의 핵심은 신뢰다

제안 발표는 짧은 시간 동안 진행된다. 15분 이내에 발표하고 평가자가 우리의 주장에 동의하도록 설득해야 한다. 그런데 설득이란 타인의 주장을 듣고 그 내용에 동의하도록 하는 것이다. 그런데 남의 이야기를 100퍼센트 믿는 평가자는 없다. 발표장은 나의 이야기를 들어주고 동의해주는 공간이 아니다. '어디 한번 주장해보라'며 너의 주장이 경쟁 업체와 어떤 차이가 있는지 보겠다고 벼르는 자리다. 평가자는 설득당하려고 앉아 있는 것이 아니다. 평가란 선별하기 위한 것이다. 즉, 어디가 더 분석을 잘했고 사업을 잘할 수 있는지 판단하는 것이다.

발표를 시작하면 처음에는 우리의 입장을 먼저 이야기한다. 우리가 왜 이렇게 주장하는지, 우리의 상황과 준비 내용을 소개하는 설득 전 단계가 있어야 한다. 도입부에서는 설득하기보다는 우리의 관점과 우리가 분석한 내용을 정리해줄 필요가 있다. 왜 이런 결과를 도출했는지, 왜 이런 주장을 하는지 이해시키는 과정이 필요하다. 설득하기 위해 무턱대고 주장으로 밀고 나가는 것이 아니라 평가자에게 우리의 고민을 이해시키고 공감을 이끌어낸다. 그렇게 공감과 신뢰를 얻은 상태에서 우리의 주장에 동의하도록 유도한다.

설명을 통해 설득력을 높여라

흔히들 더듬거리지 않고 청산유수처럼 말을 잘하는 것이 발표를 잘하는 것이라고 생각한다. 하지만 경쟁 발표에서는 발표를 잘하는 것으로 결론이 나지 않는다. 발표를 잘하는 것은 기본이며 예의이다. 연습을 통해 일정 수준까지 올라갈 수 있기 때문에 발표를 못하는 것은 연습이 부족했다는 증거다.

발표를 잘한다는 것은 상대방이 이해하기 쉽게 설명하고 설득을 잘하는 것이다. 발표만으로 좋은 점수를 받을 수는 없다. 하지만 모든 준비가 되었을 때 발표만큼 효과적인 것은 없다. 그래서 제안에서 발표는 핵심이다. 발표는 이겨야 비로소 가치를 발한다. 발표를 아무리 잘해도 제안에서 이기지 못하면 의미가 없다. '발표는 잘했는데' 하는 아쉬움만 남을 뿐이다. 그러나 그 말은 '껍데기는 좋았는데'와 같은 뜻이다. 경쟁에서 지면 비참해진다.

0.1점이라도 점수를 더 받아야 하는 제안에서는 평가자를 설득하는 과정이 중요하다. 설득은 상대방이 동의하지 않는 것을 동의하도록 유도하는 과정이다. 제안 발표는 평가자가 우리의 발표에 동의하고 우리의 문제 해결 능력이 더 우수하다는 점을 인정하여 우

리를 선택하도록 만드는 과정이다. 설득은 강요가 아니다. 설득하려면 우선 설명이 필요하다. 기본이 되는 사실을 중심으로 설명을 먼저 해야 효율적으로 설득할 수 있다. 발표의 앞부분과 뒷부분에서는 설득력을 높이고, 문제 해결 방안 및 기술적인 부분에 대해서는 계획을 설명하여 명확하게 이해시키도록 한다.

김용준의 《지행 33훈》에 따르면, 삼성의 이건희 회장은 "미래를 예측할 수 있는 수단이 되려면 가공된 자료가 아닌 생생한 자료가 필요하다"라며 가공된 자료에 거부감을 보였다고 한다. 설득은 과장된 표현과 불확실한 이야기로 사실을 과장하거나 축소할 수 있다. 반면 설명은 있는 그대로의 사실, 즉 솔루션의 장점과 기대 효과를 설명하는 것이다. 제안의 내용을 잘 알 수 있도록 명확하게 설명하는 것이 일차 목표이고, 설명한 내용을 편집하여 소개하는 것, 즉 설득은 그다음이다. 설득보다 명확하게 설명하는 것이 더 좋다. 명확하게 이해했을 때 설득은 보조 역할을 할 뿐이다.

설명과 설득의 차이를 잘 알면 무조건 설득해야겠다는 혼란은 피할 수 있다. 우리의 우수성과 장점을 평가자가 명확하게 이해할 수 있도록 설명하는 것이 우선이다. 설명이 잘되면 따로 설득하지 않아도 설득이 된다. 우리의 명백한 장점은 설명만으로 충분하다. 제안 발표를 할 때 설득과 설명만 잘 구분해도 진정성 있는 제안이 된다.

사실을 솔직하게 소개할 때 더 강한 울림을 줄 수 있다. TV의 경연 프로그램에서 작곡가 박진영은 노래 부를 때 어깨에 힘을 빼고 부르라고 주문한다. 진솔하고 자연스럽게 부르라는 이야기다. 발표도 마찬가지다. 힘을 빼고 노래를 부르듯 과도한 설득을 빼고 명확한 설명으로 솔직하게 발표해야 한다. 이미 우수한데 무얼 더 이야기하느냐는 듯이 말이다.

누구나 자기 생각을 쉽게 바꾸려고 하지 않는다. 불확실한 내용을 강조하고 설득하려고 들면 역효과만 난다. 그러므로 사실 중심의 설명을 바탕으로 신뢰를 강화하고 이해를 높여야 한다.

05 입장부터 기 싸움이 시작된다

발표장에 들어서는 느낌은 참으로 색다르다. 전문가로 구성된 평가자들이 일제히 나를 쳐다보는 것만 같아 시선을 어디에 둬야 할지 고민하게 된다. 신속하게 내 자리를 찾고 발표 준비를 한다. 주눅 들 필요도 없는데 주눅 든 연기를 한다. 잘 부탁한다는 표현이다. 또는 발표장에 입장할 때 평가자와 눈을 한번 마주치고 자신감 있는 표정으로 들어간다. 자신감을 나타내는 표현이다. 들어갈 때 고개를 숙이고 시선을 회피하면 자신감 없고 미덥지 않게 보인다. 미덥지 않게 보이면 발표 때 떨지나 않을까 평가자들이 우려하게 된다. 실수하는 모습을 보고 싶어 하는 평가자는 없다. 자신감 있는 표정으로 시선을 마주치고 믿어달라는 눈인사를 하면 '그래, 무슨 이야기를 할지 들어보자'는 입장이 된다. 반면 발표자가 불안해하면 발표자를 보지 않고 평가에 집중한다. 준비가 되었다면 고개를 숙이거나 불안해하지 않는다. 준비가 부족하니 불안해하는 것이기에 평가자는 그런 발표자를 싫어한다. 발표를 잘하는 모습을 보고 싶어 한다. 실수하는 것을 보는 일도 곤혹이다.

그래서 발표장에 입장할 때의 첫인상이 중요하다. 고개를 들고 자연스럽게 입장하고, 주눅 든 모습을 보일 필요는 없다. 특히 한국 사람은 시선을 마주치기를 어려워하는데, 외국 사람처럼 시선을 마주치고 평가자와 편한 관계가 되어야 한다. 악수하지 못하는 대신 눈으로 가볍게 인사하고 관계를 확인한다.

발표할 때 첫 마디를 뭐라고 해야 할지 고민을 많이 한다. 대개는 "지금부터 ○○ 사업에 대한 제안 발표를 시작하겠습니다"라고 한다. 사실 첫인사치고는 너무 딱딱하다. 사업에 대한 슬로건이 있다면 사업명을 이야기하기 전에 슬로건에 대한 콘셉트 슬라이드가 먼저 나와야 한다. 인사 전부터 주목받는 방법이다. 예를 들어 '○○ 구축 사업'이라는 사업이 있다면, 콘셉트를 적용해 '국민의 안전과 행복을 위한 ○○ 구축 사업'이라고 소개하는 식이다.

발표자 소개를 먼저 한다

첫인사할 때 발표자에 대한 소개를 많이 하는 것이 평가자와의 유대 관계를 높이는 데 도움이 된다. 자신을 감추기보다는 자신의 경험과 자질 등을 떳떳하게 소개하여 자신 있는 이미지를 심어주는 것이 중요하다. 평가자에게 참고가 될 만한 제안 준비 과정에서의 경험을 소개하고 자신의 의견을 표하면 인간적인 이미지를 심어줄 수 있고 관계를 훨씬 원활하게 이끌어갈 수 있다.

이렇듯 자신의 이야기를 포함시켜 발표자에 대한 신뢰감을 높여야 한다. 전략보다 평가자와의 관계가 중요하다. 준비를 많이 했다는 자신감을 어필하고, 그것이 평가자에 대한 예의라는 느낌을 주도록 한다. 평가의 의미를 중요하게 생각하므로 만반의 준비를 했다는 표현이다. 만약 경쟁사가 사전 조사와 고객 미팅을 많이 하지 않았다면, 발표 중간에 계속 강조하는 것이 좋다. 준비를 얼마나 해왔는지를 통해 평가자에 대한 예의를 갖추는 것이다.

박수부터 받고 시작하라

강연장에서는 강연자가 입장하면 박수를 친다. 제안 발표장에서는 그러지 말라는 법이 있는가? 발표장에서도 첫인사 때 박수받는 방법이 있다. 우선 자신을 먼저 소개한다. "저는 본 사업의 사업관리자이자 제안 발표를 진행할 ○○○입니다"라고 말하고 고개 숙여 정중히 인사한다. 그러면 평가자가 예의상이라도 박수를 안 칠 수 없다. 처음부터 박수를 받으면 긍정적인 이미지로 발표를 시작할 수 있다.

배석한 참석자를 소개하라

발표자가 발표자 자신만 소개하는 경우가 대부분이다. 그러나 발표자 외에 추가로 배석한 관계자도 함께 소개하는 것이 좋다. 배석한 사람이 본 사업에 관련이 있고 특장점이 있다면 더욱 적극적으로 소개해야 한다. 발표장에서 나온 이야기를 바로 결정할 수 있는지, 기술적인 내용에 대한 질문에 답변할 수 있는지 등을 소개하여 신뢰감을 줄 수 있고, 평가자의 경계심을 완화할 수 있다.

 Check

• 자신감 있는 모습이 신뢰감을 준다.

06 항상 경쟁자를 의식하라

한번은 다른 업체들이 아무도 입찰에 참여하지 않아서 우리만 입찰

한 적이 있다. 그런데 한 개 업체만 입찰해도 평가를 한다. 엉뚱한 업체일 수도 있기 때문이다. 그러면 경쟁사 없이 제안 발표를 해야 하는 상황이 생긴다. 물론 경쟁자가 없으므로 무조건 사업을 수주한다고 생각하고 마음 편히 발표장으로 갈 수 있다. 그런데 발표를 하면 흥이 나지 않는다. 설명회와 제안 발표회가 뒤섞여 주장에 힘이 없어진다. 경쟁 상대가 있을 때 자신의 주장이 더 명확해지고, 타업체를 경계할 때 제안 발표 능력이 올라가는 법이다. '경쟁자보다 우리가 더 낫다'고 주장할 때 발표에 힘이 생긴다.

발표 경험이 많지 않은 발표자는 제안 발표를 잘하는 데 중점을 두고 발표를 한다. 경험이 부족하다 보니 제안서를 잘 읽고 잘 발표해야겠다는 생각만 할 뿐 경쟁사를 이기겠다는 의지가 약하다. 그러나 경쟁사보다 나은 제안을 한다는 전략적인 사고로 발표를 진행할 때 제안의 당위성이 높아지고 설득력도 강해진다.

준비 기간이 짧으면 단순히 발표 슬라이드에만 주력한다. 단기간에 발표를 준비하면서 경쟁자와 경쟁해야 한다는 생각을 망각하는 경우를 많이 보았다. 그저 '발표를 하라고 하니 한다'는 식이다. 책임감을 느끼지 않을 때는 경쟁자도 보이지 않는다. 자기가 틀리지 않고 발표하는 것이 최고라 생각한다. 회사 내에서 발표력에 대한 좋은 평가를 받고 싶기 때문이다. 하지만 경쟁자를 염두에 두지 않고 발표하는 것은 성공하고자 하는 생각이 없다는 뜻이다. 발표뿐 아니라 질의응답도 진행해야 하는데, 특히 질의응답에서는 이기고

자 하는 자세가 중요하다.

장점을 주장하고 단점은 인정하라

성공하고자 한다면 경쟁자의 장단점을 알고 있어야 한다. 고객의 요구 사항은 기본이다. 경쟁사의 동향을 살피면서 예상되는 주장을 무력화시키는 방법이 필요하다. 우리의 장점은 극대화하고, 단점은 축소한다. 반대로 경쟁사의 장점은 축소하고, 단점은 부각한다. 장점을 극대화할 때 약점은 감춰진다. 우리의 단점이 부각된다면 단점을 인정하고 그에 대한 방안을 준비하여 답변하면 된다. 약점을 인정하면 그다음에 어떻게 할지 논의할 수 있다. 단점을 기회로 만들 수도 있으므로 단점에 집중할 필요가 없다. 오히려 강점을 강하게 주장하면 사소한 문제는 자연히 감춰지므로 강점을 극대화한다.

Check

- 경쟁자가 있어야 주장에 힘이 생긴다.
- 단점이 있다면 먼저 이야기하라. 단점을 역이용하라.

07 우문현답을 하라

발표를 잘해도 질의응답 시간에 답변을 못 한다면 문제가 심각해진다. 질의응답은 평가에서 중요한 요소다. 경쟁 발표에서는 질의응답으로 인한 평점의 변동이 많기 때문이다. 제안 발표 현장은 치열한 경쟁 상황이다. 예측이 불가능하고, 경쟁자가 어떤 핵심을 가지고 나올지 예상할 수 있더라고 전략은 항상 변하기 때문에 100퍼센트 안심할 수 없다. 특히 발표자의 준비에 따라 향방이 갈리기 때문에 질문을 예상하고 경쟁자를 어떻게 이길지 고민해야 한다.

앞에서 이야기했듯이 제안서보다 질의응답 시간이 더 중요하다. 결국 누가 더 많이 알고, 경쟁자를 이길 준비를 많이 했는지에 따라 판결이 난다. 제안서를 너무 충실히 준비하느라 미처 질의응답을 준비하지 못했다면 큰일이다. 그런데 어떤 질문이 나올지 정확히 알 수는 없기에 평가자의 성향을 파악해 준비하더라도 끝까지 안심할 수 없는 것이 질의응답 시간이다.

질의응답에 대응하는 방법

첫째, 요구 사항을 살펴보고 핵심 사항을 정리한다. 제안요청서의 평가 항목을 살펴보면 구체적으로 알 수 있다. 평가 항목이 구체적일 때는 제안서와 발표 슬라이드에 누락 사항 없이 구체적으로 기술한다. 발표 슬라이드에 넣기 어려우면 발표 슬라이드 뒤의 Q&A 슬라이드에 포함시켜 평가 항목을 준수했음을 알린다. 그래야 평가를 할 수 있다. 평가 항목에 대한 내용을 찾을 수 없다면 어떻게 되겠는가? 만약 당신이 평가자인데 평가할 내용이 제안서에 기술되어 있지 않다면 몇 점을 주겠는가? 당연히 낮은 점수를 줄 수밖에 없을 것이다.

둘째, 평소 평가자가 질문하는 유형을 모아둔다. 평가자들이 자주 질문하는 것들이 있다. 예컨대 프로젝트의 성공률은 의외로 높지 않다. 특히 IT 프로젝트는 사업 기간 내에 완료하는 비율이 30퍼센트밖에 안 된다. 고객이 요구하는 일정을 못 맞추는 경우도 빈번하고, 심하면 프로젝트로 인해 실적이 좋던 회사가 적자로 전환되기도 한다. 사업을 계획하는 것과 사업을 수행하는 것은 다르다. 치밀하게 계획하더라도 사소한 것부터 큰 것까지 다양한 문제가 생기기 때문에 명확한 분석을 통해 사전에 문제를 예방하는 것이 가장 효과적이다. 평가자는 제안사가 그런 분석을 통해 사업을 진행할 수 있는 자질이 있는지 보기 위해 질문한다. 그래서 리스크 관리에 대한 질문이 많다. 어떤 제안사가 사업을 성공적으로 완수할 수 있을지 궁금한 것이다. 평가자는 제안사가 얼마큼 준비했고 얼마나 아는지 알고 싶어 한다. "본 사업의 가장 큰 이슈와 위험 요소는 무엇이라고 생각하는가?", "문제가 생겼을 때 어떻게 대응할 것인가?", "추가 수정과 비용이 발생할 때는 어떻게 할 것인가?", "사업이 종료된 후의 지원 방안은?" 사업마다 다양한 질문을 하지만 기술적인 부분에서 구체적으로 질문하는 경우는 드물다. 제안서 내용을 토대로 궁금한 점을 물어보는 경향이 짙다. 단, 발주처의 직원이고 기술적인 부분을 준비하고 검토해온 담당자라면 기술적 문제에 대해 구체적으로 질문할 수도 있다.

셋째, 예상 질문지를 만들고 평가자의 성향에 따라 예상 질문을 조정한다. 예상 질문지에는 이슈 사항이나 준비 사항 등 사업에 대한 모든 사항을 기술한다. 어떤 질문이 나올지 모르기 때문에 예상 질문지를 준비해 모든 상황을 이해하고 있어야 한다. 평가자는 사업에 대한 구체적인 질문을 하지 않는다. 주로 사업 관리와 기간, 단계별 수행 사항 등에 대해 이야기하며, 간혹 국가 정책이나 사회 트렌드에 대해 묻기도 한다. 평가자는 제안 내용을 토대로 질문한다. 그러므로 발표자는 제안서와 제안요약서 그리고 별첨 자료의 전반적인 내용을 숙지하고 있어야 혼란을 방지할 수 있다.

넷째, 사업의 이슈와 해결 방안을 정의한다. 모든 프로젝트가 문제없이 끝나지는 않는다. 위에서도 이야기했듯이 기간 내에 성공적으로 프로젝트를 완료하는 비율은 30퍼센트밖에 안 된다. 사업마다 다양한 이슈가 존재하므로 기간 내에 사업을 완료하기 위한 다양한 방안을 모색해야 한다. 그렇기에 이슈와 문제 해결이 중요하다. 핵심 이슈를 세 가지 정도 준비하여 내용을 숙지하고 해결 방안을 마련해둔다.

다섯째, 항상 호기심을 가지고 모든 상황에 의문을 품는다. 제안을 준비하면서 차츰 사업의 성격과 범위가 구체화되고 어떤 문제가 예상되는지 파악할 수 있다. 더 자세한 사항을 알기 위해 고객에게 많이 질문하고 관심을 표한다. 그리고 항상 호기심을 가지고 예상되는 문제가 있을 때 작은 문제라도 고객에게 질문하는 것이 좋다. 나의 호기심이 평가자의 호기심이 되기 때문이다.

여섯째, 항상 메모하고 어떻게 답변하면 좋을지 검토한다. 메모하는 습관은 계속 강조해도 모자라다. 생각은 한순간에 사라지기 때문이다. 생각을 정리해야 다른 정보를 받아들일 수 있다. 생각이 정리되지 않으면 중요한 내용도 한 귀로 듣고 한 귀로 흘려보낸다.

Check

- 스스로 질문하고 호기심을 많이 가져라.
- 두 명이 팀을 구성하여 질문하고 답하라.

질의응답에 대응하는 팁

평가자 앞에서 정확히 답하기는 쉽지 않다. 예상치 못한 질문에 답변을 못 하는 경우도 많다. 경쟁사와 점수 차이가 많이 벌어지는 데가 질의응답 시간이다. 질문을 예상하기 어려우며, 경쟁사와의 차별점, 제안사의 능력, 리스크 등 민감하고 중요한 문제를 질문을 통해 판단하기 때문이다. 이런 질문에 효과적으로 답변하는 방법이 필요하다.

Q&A 슬라이드를 준비하라

발표 슬라이드 외에 질의응답 시간에 활용할 슬라이드를 별도로 준비한다. 질문에 명확히 답하기 위해 Q&A 슬라이드를 따로 준비하는 것이다. 평가자의 질문에 답변할 때 해당 슬라이드를 미리 준비해서 보여주면 평가자가 매우 좋아한다. 자신의 궁금증을 이미 알고 준비했다는 점만으로도 신뢰도를 높일 수 있다. 말로 하는 것보다 보여줄 때 더 명확하고 쉽게 이해된다. 답변이 길어지면 좋지 않으므로 관련 슬라이드를 신속하게 보여주고 설명하는 것이 좋다.

슬라이드 전환 인력을 배치하라

발표자가 직접 슬라이드를 넘겨 가며 질문에 대한 슬라이드를 신속하게 보여주기는 어렵다. 질문에 답변해야 하는 상황에서 슬라이드를 넘기며 찾는 과정이 꼭 신입사원이 상사 앞에서 쩔쩔매는 모습처럼 보인다. 참고할 슬라이드를 보여주기 위해 슬라이드를 일일이 넘기며 찾으려면 시간이 걸린다. 또 슬라이드를 찾으려고 슬라이드를 빠르게 넘기면 시각적으로 혼란스럽다. 답변을 준비하면서 혼란스러운 모습을 보이게 된다.

이런 문제를 해결하기 위해 발표 슬라이드를 넘겨줄 지원 인력이 필요하다. 발표자는 질문에 답변하고 다른 사람이 질문에 적합한 슬라이드를 찾아 보여주는 것이다. 이때는 슬라이드 전환을 담당할 지원 인력에 대한 동의를 구하고, 담당자를 자리하게 한다. 그리고 발표자는 답변에만 집중하면 전문적이고 준비된 발표자라는 이미지를 심어줄 수 있다.

단축키를 기억하라

슬라이드를 신속하게 이동하기 위해서는 파워포인트 단축키가 효과적이다. 단축키를 이용하면 설명하고자 하는 슬라이드 화면으로 신속하게 이동할 수 있다. 발표에 꼭 필요한 파워포인트 단축키는 아래와 같다.

기능	단축키
프레젠테이션 시작	F5
지금 페이지에서 프레젠테이션 시작	Shift + F5
슬라이드 번호 이동	해당 슬라이드 번호 + Enter
화살표를 잉크 펜으로 변경	Ctrl + P
잉크 펜으로 작성한 내용 숨기기	Ctrl + M

특히 슬라이드 번호 이동 단축키가 매우 유용하다. 질의응답에 대비해서 슬라이드 번호를 따로 출력해 확인하고 해당 슬라이드로 바로 이동하는 것이 가장 효과적이다.

08 발표자의 역량이 중요하다

사업관리자의 역량 중 어떤 것이 가장 중요할까?

① 리더십
② 문제 해결 능력
③ 커뮤니케이션
④ 지식

모두 중요한 덕목임은 틀림없다. 하지만 가장 중요한 것을 꼽자면, 가장 기본이 되는 '지식'이다. 여기서 지식이란 자기가 맡은 프로젝트에 대한 지식을 말한다. 사업을 잘 알아야 고객, 팀원과 소통할 수 있다. 프로젝트는 수행하면서 점진적으로 구체화된다. 그 과정에서 예상하지 못한 문제가 발생할 수 있다. 예상되는 문제는 사전에 신속하게 문제 해결 방안을 논의해 해결한다. 사업을 잘 알고 이해해야 사업의 성공률이 높아진다.

발표자인 사업관리자의 역량

발표는 사업관리자가 하도록 제안요청서에 나와 있다. 발표자인 사업관리자도 프로젝트에 투입되는 솔루션이다. 사업관리자의 능력도 평가에 포함되는데, 경험이 많고 사업을 잘 이해하는 사람이 프로젝트를 잘 수행할 수 있기 때문이다. 발표장에 들어갈 때 발표자의 명함과 주민등록번호를 대조하고 제안서에 표기된 사업관리자가 맞는지 확인한다.

발표자는 사업관리자로서 사업 전반을 알고 있어야 한다. 사업관리자는 문제를 예방하고 점검하고 결정하여 발주처에 보고할 책임이 있는 통솔자이다. 팀원들의 질문에 답해야 팀원들도 사업관리자의 지시를 따른다. 사업관리자는 사업의 지휘자이자 이정표이다. 만약 도로에 이정표가 잘못되었다면 어떻게 되겠는가? 낭떠러지 앞에 안내판이 없다면 어떻게 되겠는가? 그것도 밤이라면? 결과는 뻔하다. 무수한 사고로 이어진다. 제안 발표를 하는 사업관리자는 사업에 대한 전반적인 이해를 바탕으로 팀원을 이끌어가야 한다. 사업을 명확히 파악하고 있어야 질의응답에도 잘 대응할 수 있다.

TiP

발표자가 알고 있어야 하는 기본 사항
- 제안요청서의 핵심 이슈
- 고객의 요구 사항과 다양한 이해관계자
- 납품 또는 개발되는 기술
- 사업에 영향을 미치는 사회 제도, 국가 정책, 기술적 트렌드

발표장에 있다고 상상하라

자신이 발표장에 있다고 상상하면 효과적으로 발표를 준비할 수 있다. 상상이 안 되면 상상하지 못한 일이 발생할 때 당황하게 된다. 발표 장소에 가서 평가자의 자리 배치도 눈여겨보는 것이 좋다. 사전에 방문했던 곳이면 그때의 기억을 떠올리고, 가보지 않았다면 방문해서 현장을 확인해봐야 한다. 방문할 수 없는 공간이라면 담당자에게 사진이라도 찍어서 보내달라고 부탁한다. 사전에 먼저 확인하면 현장 분위기를 익히고 긴장감을 해소할 수 있다. 발표 현장을 기억하고 있다면 눈을 감고 발표 장소에서 자신이 발표하는 모습을 그린다. 그리고 그 현장의 떨림을 느끼며 긴장감을 즐긴다. 충분히 상상만으로도 긴장감을 얻을 수 있다. 질의응답 시간과 성공적으로 발표하는 모습을 그린다. 또 멋지게 발표하고 평가자로부터 박수를 받는 상상을 한다. 절대 부정적인 상상을 해서는 안 된다. 발표 연습을 할 때는 현장에 있는 것처럼 생각하고 해야 더 큰 효과를 얻을 수 있다.

떨림을 즐겨라

TV에서 경연 프로그램을 보다 보면, 참가자가 노래를 부르다 가사가 기억나지 않아 망설이는 경우를 종종 보게 된다. 특히 많은 가사를 빨리 소화해야 하는 래퍼들은 부담감 때문에 실수가 잦다. 발표자의 떨림도 이와 비슷하다. 연습장의 느낌과 발표장의 느낌은 다르기 때문이다. 발표자에게 떨림이란 암전과도 같다. 발표 시 아무것도 떠오르지 않고 아무리 떠올리려고 해도 블랙홀에 빠지고 만다.

이런 문제를 해결하기 위해 나는 발표장에 입장하기 전 대기 장소에서 발표장의 환경을 계속 상상한다. 상상만으로도 가슴이 떨리고 긴장하게 된다. 그러나 실제 발표 장소에서는 떨지 않고 발표할 수 있다. 미리 떨어야 발표가 매끄러워지므로 발표 전에 떨림을 즐긴다. 일종의 예방주사와 같다. 발표장에 들어가기 전에 가슴 떨리는 경험을 하면 실제 발표장에서는 좀처럼 떨지 않는다. 제안서를 준비하면서 수시로 발표장에 있다고 상상하는 것이 발표를 잘하는 비법이다.

핵심 중심으로 발표한다

핵심만 이야기하는 것은 생각만큼 쉽지 않다. 15분이라는 시간을 준수하려면 과감하게 생략해야 한다. 발표 슬라이드가 보통 30장 정도이니 한 장당 30초의 시간이 주어지는 셈이다. 슬라이드의 문구를 다섯 줄가량 읽으면 30초가 끝난다. 조금 더 설명하고 설득해야겠다고 마음 먹으면 3분이 금방 지나간다. 몇 마디 안 한 것 같지만 시간은 흘러간다. 그러므로 주요한 내용을 선별하고 슬라이드별로 핵심만 이야기해야 한다.

제안요청서의 평가 항목을 참고한다

제안요청서를 보면 평가 항목이 있다. 보통 100점 만점에 기술 25점, 회사 역량 10점, 관리 계획 20점, 전략 35점, 기술 지원 10점 같은 식으로 구성되는데, 평가 점수가 많은 것을 중점적으로 관리하도록 한다. 평가 점수가 높은 항목의 점수를 100퍼센트 충족하는 것이 유리하다. 중요하게 생각하는 것이 전체 전략과 이슈가 되며, 평가 점수가 높은 항목을 중심으로 발표한다.

제안요청서의 평가 항목을 보면 어떤 내용을 중점적으로 보는지 나와 있다. 그 내용을 충족하도록 구체적인 내용을 표기한다. 그래야 평가자가 명확히 인지하고 점수를 줄 수 있다. 아무리 좋은 내용이라도 평가 항목과 무관하다면 좋은 점수를 받을 수 없다. 단지 감성에 호소하는 것밖에 안 된다. 그러므로 평가 항목의 문구를 잘 해석하고 평가자가 알 수 있도록 해당 내용을 강조한다. 그리고 핵심만 논하고 자세한 내용은 질의응답 시간에 진행한다.

중요하지 않은 것은 과감히 생략한다

핵심을 정리하다 보면 혼란을 겪을 때가 있다. 모든 페이지가 중요해 보이는데 어떤 것을 핵심으로 삼아야 할지 혼란스럽다. 이럴 때는 뺄 항목을 먼저 검토한다. 예를 들어 공통 사항이나 일반적인 내용들이다. 빼고 남은 것 중에서 핵심 내용을 점검한다. 뺀다고 해서 전혀 논의조차 안 하는 것은 아니다. 제목이라도 읽어줘야 한다. 그리고 가볍게 넘긴다. 만약 핵심만 설명하기 어렵다면 질의응답 시간에 설명할 수 있게 유도한다. 그리고 발표 슬라이드 뒤에 Q&A 슬라이드를 별도로 만들어 준비한다.

TiP

핵심 요소를 선별하는 방법
- 제안요청서의 평가 항목을 참고하여 선별한다.
- 평가 항목을 기준으로 우리의 우수성과 차별성을 강조한다.
- 중요하지 않은 것은 과감히 생략하거나 제목만 읽고 넘어간다.

---

09 긍정적인 마인드로 성공을 끌어당겨라

'과연 성공할 수 있을까?'

제안서를 준비하다 보면 실주하던 순간의 암담함이 떠오를 때가 많다. 특히 제안 준비를 시작하는 초기에는 경쟁사도 모르고 고객의 요구 사항도 기본 사항만 파악된 상태에서 우리가 제안에 참여하면 사업을 수주할 수 있을지 고민하게 된다. 이런 고민과 불안은 팀원들도 마찬가지다. '야근에다 주말까지 반납하면서 제안서를 쓰는데 실주하면 어쩌지?' 불안해하는 팀원들이 많다. 당연한 이야기지만 불안한 생각을 '이기기 위한 생각'으로 전환해야 더 생산적인 시간을 보낼 수 있다. 사업을 분석하면서 사업의 윤곽을 확인하고, 이제는 무조건 수주한다는 태도로 제안에 임해야 한다.

제안을 분석하면서 많은 문제점이 부각된다. 발견한 문제점은 우리만의 강점으로 승화시켜 기회로 만든다. 사업의 이슈를 발견하고 구체적으로 사업을 이해하면 승률을 올릴 수 있다. 막연할 때보다는 구체적인 문제를 발견할 때 우리의 전략이 유효한지 느낄 수 있다. 사업을 성공적으로 수행하는 것을 상상하면서 제안에 임한다.

안 된다는 생각은 하지 마라

이왕 시작했으면 사업 수주를 위해 총력을 다한다. 유리한 입장에 있어도 불안한 마음은 감출 수 없다. "안 되면 어쩌지?" 하지만 그건 질문도 아니다. 안 되면 안 되는 것이다. 다른 답이 없다. 그렇게 되지 않기 위해 온 힘을 다할 것뿐이다. 사업을 구체적으로 바라보고 사업을 우리가 수주하여 수행한다는 생각으로 접근하면 많은 것이 보인다. 즉, 경쟁이 아니라 이미 수주하여 당장 진행한다는 생각으로 사업 수행을 준비한다면 많은 것을 이해할 수 있다.

프로젝트는 수행할수록 다양한 이슈와 문제점에 부딪히게 된다.

제안 단계의 이슈는 가설일 뿐이기 때문이다. 한번은 군사 시설 내에 상주하며 사업을 수행한 적이 있었다. 군사 시설은 허가된 사람 이외에는 출입이 어렵다. 자유롭게 출입하기 위해서는 출입 조치와 보안 신청을 통한 보안 인가가 필요하다. 보안 인가는 신청 후 보름 이상 걸린다. 사업이 시작되면 보안 인가가 나올 때까지 프로젝트가 원활하게 진행되지 않을 확률이 높다. 노트북을 자유롭게 가지고 들어갈 수 없으며 가지고 나올 수도 없다. 저장 매체는 한번 들어가면 보안 문제로 가지고 나올 수가 없다. 그리고 가지고 간 장비도 승인을 받아야 한다. 상주하며 자료를 수집하는 데도 한계가 있다. 군사 자료는 보안 취급 자료이므로 함부로 공유되지 않는다. 그리고 파일로 못 받는 자료도 많다. 모두 하드 카피로 받아서 누군가 다시 전자 문서 파일로 변환해 관리해야 업무 효율을 높일 수 있다. 보안 인가가 되지 않으면 출입 카드를 못 받아 매일 손님으로 방문하는 수밖에 없다. 자료 수급도 어렵다.

그런데 이런 부분은 제안요청서에 나와 있지 않다. 단순히 전문 인력에 관한 내용만 표기되어 있는 경우가 있다. 만약 사업을 수행한다고 생각하지 않으면, 제안요청서만 분석하고 고객 미팅으로 끝날 것이다. 전략은 고객을 통해 나오지만, 고객은 당연한 것을 놓치기도 한다. 위와 같은 현실적인 문제를 빠뜨리는 경우도 많다. 그래서 사업의 이슈와 전략을 수립할 때는 다양한 상황을 고려하여 작은 것도 크게 생각해야 한다. 사업을 직접 수행한다는 생각으로 이미 완료되었을 때를 상상하고, 끝에서 생각을 시작한다. 그러면 사업을 수행하는 과정과 사업을 완료했을 때 필요한 상황, 기간, 산출물 등 다양한 항목을 검토하고 고려할 수 있다. 프로젝트는 시간이 지날수록 점진적으로 구체화되는 특성이 있기 때문에 사업 초반에 발견하지 못한 문제점을 프로젝트를 수행하면서 발견하는 경우가 많기 때문이다. 수시로 발생하는 문제는 그 자리에서 바로 해결 방안을 지시하고 해결한다. 큰 문제는 집중적으로 논의해서 방안을 찾아야 하지만 작은 문제는 가볍게 빨리 처리하는 것이 도움이 된다.

제안을 준비하면서 항상 사업을 수행할 때와 완료되었을 때 어떤 상황인지 상상해볼 필요가 있다. 사업 수행과 사업이 완성되었을 때의 산출물을 고민해보면 그 상황을 구체적으로 이해하고 새로운 관점의 제안을 할 수 있다. 이미 이루어진 것처럼 상상하는 것이 '끌어당김' 법칙의 하나이다.

생각하지 못하면 만들지 못하는 세상이다. 우리가 상상할 수 있다는 것은 그것을 할 수 있다는 것이다. 그런데 못 하는 것은 상상조차 못 한다. 결국 상상한 결과가 현실이 된다. 사업도 이미 완료했다고 상상하면 많은 것을 제안할 수 있다. 그리고 상상을 통해 나의 사업이라는 생각으로 접근할 때 현실적인 대안을 찾아 제안할 수 있다.

긍정적인 마인드는 필수 요소다

　제안 단계에서 항상 긍정적일 필요는 없다. 사업을 삐딱하게 바라보고 문제가 없는지 판단하여 리스크를 예방해야 한다. 문제를 발견하면 해결 방안을 수립하고 내용을 기술하면 된다. 하지만 사업 수주와 프로젝트 완수에 대해서는 긍정적인 마음, 무조건 된다는 자신감을 가져야 한다. 강한 자신감은 안 될 것도 되게 한다. 결과가 나오지 않은 상황에서는 긍정적인 자세가 필요하다.

　발표장에서 평가자의 질문에 답변할 때는 긍정적인 대화를 이어가는 것이 중요하다. 평가자의 질문에 답할 때 부정적인 단어를 이야기하면 바로 그에 대한 질문이 쏟아진다. 성공적 사업 수행을 위해서는 돌도 씹을 수 있다는 패기가 필요하다. 발표자는 사업의 책임자로 긍정적이고 적극적인 사람을 원한다. 취업 면접과도 같다. 프로젝트의 성공적 수행에는 사람이 중심이 되기 때문이다. 그러나 그 중심이 부정적인 의문을 가지고 있다면 불안해진다. 부정적일 수도 있고 긍정적일 수도 있는 내용을 부정적인 시각으로 이야기하면 평가자는 왜 부정적으로 판단하는지 궁금해하기 마련이다. 그리고 부정적인 생각은 부정적인 결과를 가져오기 때문에 위험 요소로 느끼게 된다.

　무의식적으로 나온 부정적인 생각은 부정적인 내용으로 끝나기 쉽다. 전략적으로 부정적인 단어를 사용하는 것이 아닌 한 긍정적인 생각으로 평가자를 안심시켜야 한다. 그러려면 평소에 긍정적인 생각을 꾸준히 해야 한다. 부정적인 사람은 평가장에서도 부정적인 말을 즐겨 쓴다. 부정적인 사고는 아마추어처럼 보이기 쉬우며, 평가자를 혼란에 빠뜨린다. 평가자도 사람이기에 불안한 요소에 금방 반응한다. 평소에 긍정적인 생각을 가지고 생활하고, 제안을 준비하면서 항상 긍정적인 시각으로 프로젝트를 바라봐야 한다. 문제가 생기면 해결하면 된다. 부정적인 생각으로 끝나는 것은 문제를 해결할 능력이 없다는 뜻이나 다름없다.

성공하는 모습을 상상하라

발표를 준비하면서 발표 장소에서의 내 모습을 상상한다. 평가자가 있고 발주 담당자가 있으며, 함께 참석한 직장 동료와 상사가 있다. 발표 장면을 구체적으로 상상하면서 평가자로부터 박수받는 상상을 하면 박수받을 내용이 어떤 것인지 떠오를 때가 많다. 준비된 자료를 바탕으로 상상을 하다 보면 어떻게 발표할지 구체적으로 떠올릴 수 있다. 신기하게도 박수받는 상상을 하면 항상 박수받는 답변을 하는 경우가 생긴다. 그러니 상상을 안 하는 것보다 박수받는 상상을 꾸준히 해두는 편이 좋다.

제안 발표를 준비하며 연습을 많이 한다. 연습은 실전같이 해야 한다. 구체적으로 발표 환경을 상상하고, 필요하면 발표 장소의 사진을 받아서 분위기를 익힐 필요가 있다. 발표 장소의 분위기를 익혀 발표 연습을 하면 실제 현장에서 낯선 느낌 없이 친숙한 느낌으로 발표할 수 있다.

> ✔️ **Check**
>
> • 떠는 모습은 보는 사람도 불편하게 한다. 성공 마인드로 긴장감을 제거하라.

성공하는 상상으로 자신감을 유지하라

자신감은 항상 중요한 요소다. 잘 모르는 질문도 자신감 있게 이야기하면 설령 틀리더라도 이해해준다. 자신감 없는 답변은 정답을 이야기해도 미심쩍은 느낌을 남긴다. 정답을 말하기 이전에 자신감 있게 말하는 연습이 필요하다. 자신감을 통해 사업 수행에 대한 책임감과 믿음을 심어줄 수 있다.

잠재의식을 활용하라

일정이 촉박하면 여러 요행을 바라게 된다. 단기간에 발표력을 향상하는 방법은 없을까 고민할 때가 많다. 밤새워 연습하고, 술 취한 듯 잠이 부족한 눈으로 연습한다. 그런데 잠이 부족하면 말이 꼬이고 더 힘들다. 밤새워 연습하는 것이 심리적 부담감을 줄여줄지는 모르겠지만, 권장하는 바는 아니다. 되도록 정상적으로 잠을 자고 발표하는 것이 좋다.

그렇다면 잠을 충분히 자면서 발표력을 향상하는 방법이 없을까? 발표 준비가 부족한 발표자는 취침 전에 한 번 연습하고 잠을 청하는 것이 좋다. 잠은 하루의 기억을 저장하는 놀라운 역할을 하기 때문에 연습한 기억이 고스란히 머릿속에 저장된다.

나만의 비법은 잠재의식을 활용하는 것이다. 잠재의식은 사람의 잠재력을 끌어올린다. 우선 가벼운 스트레칭을 하고 잠자기 전에 소리 내어 발표 연습을 해본다. 그리고 잠을 청할 때 눈을 감고 발표 슬라이드를 상상하면서 발표 내용을 머릿속으로 연습한다. 만약 발

잠재의식에 명령을 내리는 방법

- 잠재의식에 전달하려는 명령 및 그 명령이 행해질 시간을 분명히 정해서 글을 써라. 명령을 완전히 암기해서 하루에 백 번씩 큰 소리로 자신에게 말하라. 특히 잠자기 직전에 하는 것이 효과적이다.
- 명령을 반복적으로 소리칠 때마다 그 명령이 잠재의식에 스며들 것이라고 굳게 믿어라. 요구하는 것을 이미 손에 넣었다고 상상하라. 이미 받은 것에 감사하는 말로 끝맺으라.
- 즐겁고 격정적으로 일하라. 그래야 당신의 요구가 성취될 것이란 내면의 충족감을 느낄 것이다. 감정이 고조된 상태에서 표현된 생각에 잠재의식은 거의 즉각적으로 반응한다. 당신의 명령을 읽으면서 그 명령의 의미까지 생각하라.
  – 나폴레온 힐, 《당신 안의 기적을 깨워라》

표 슬라이드가 기억나지 않으면 기억날 때까지 고민해본다. 고민해 봐도 기억나지 않으면 그 슬라이드를 잠시 열람하고, 다시 처음부터 슬라이드를 기억해본다. 발표 슬라이드에 의존하지 않고 머릿속에 기억한 내용으로 발표해보는 것이다. 이는 꽤 시간이 걸리는 일이지만 잠에서 깨면 슬라이드가 훤하게 기억날 것이다. 그리고 출근 시간에 암기한 내용을 다시 연습하면 단시간에 효과적으로 발표력을 향상할 수 있다.

발표하는 상상을 꾸준히 하라

제안서를 준비하면서 발표 슬라이드의 내용도 같이 검토한다. 발표 슬라이드를 기준으로 제안서를 바라볼 때 전체 그림이 그려지고, 누락이나 중복을 피할 수 있다. 제안 PM이 발표 슬라이드를 준비하거나 수행만 하는 PM이 발표하더라도 사전에 발표 내용을 미리 준비한다. 제안 발표 슬라이드는 발표자가 직접 작성하고 정리하는 것이 무엇보다 중요하다. 디자인은 의뢰할 수 있지만, 발표 슬라이드의 내용은 발표자가 숙지하고 있어야 한다. 왜 이런 문구가 들어갔으며 의도는 무엇인지 알고 있어야 한다.

제안 발표가 많은 집단은 제안서를 전담하는 팀이 따로 있다. 영업대표는 그 팀에 제안서를 의뢰하고, 제안 마감 1~2주 전에야 PM을 선정해 발표를 준비시킨다. 그러면 그 PM은 사업을 분석하고 이해하는 데 일주일의 시간이 걸리고, 발표 슬라이드가 나와야 발표 연습을 시작한다. 평가자는 질의응답 시간을 통해 발표자가 해당 사업을 얼마나 잘 이해하고 있는지 판단한다. 제안에 참여하지 않은 PM은 결국 평가자의 질문에 제대로 답변하지 못하곤 한다. 그러면 회사는 실주를 발표자의 책임으로 돌린다. 시스템의 문제가 분명하지만 잘 고쳐지지 않는다.

발표 시나리오를 미리 상상하라

제안 발표 슬라이드를 구상하다 보면 무언가 아쉬운 부분이 생긴다. 제안 전략이나 내용에 아쉬움이 많을 때는 조금 더 임팩트 있는 문구를 쓰거나 조금 더 강한 전략으로 보완할 필요가 있다. 제안서 완성 이후에 발표 슬라이드를 변경하는 것은 매우 어려운 일이다.

제안서 작성을 완료하기 이전에 발표 자료를 먼저 정리하는 것은 업무의 효율성을 높여준다. 또 일정이 촉박하다면, 발표하는 상상을 먼저 하는 것이 훨씬 유리하다. 발표 준비를 미리 하면 부담도 덜 수 있고 실제 발표도 훨씬 매끄러워진다. 도입부와 화면 구성을 어떻게 할지 상상하면 충분히 자신감을 얻을 수 있다.

자신감 있는 마인드컨트롤

자신감을 갖기 위해서는 생각만으로는 안 된다. 행동으로 생각을 지배해야 한다. 발표장 입장 전에는 어깨를 넓게 펴고 고개는 하늘을 향하게 하며 자신 있게 행동한다. 자신감은 스스로 만들어가는 것으로, 의기소침한 행동은 피하는 것이 좋다. 특히 스마트폰과 같이 작은 화면에 장시간 집중하는 것은 굉장히 안 좋다.

과거 발표에서 긴장하고 실수한 경험이 있을지도 모른다. 그러나 과거의 기억은 좋은 기억으로 남겨야 한다. 발표에 대한 트라우마를 가지고 있는 것은 좋지 않다. 지금 발표를 잘 해내는 것만이 트라우마를 지울 수 있다. 피하는 것만이 능사가 아니다. 실패는 스스로를 더욱 강하게 만드는 좋은 경험이다. 과거는 좋은 기억으로 남기고 현재에 충실할 때 미래도 변하게 된다. 연습을 충분히 한다면 얼마든지 발표를 잘할 수 있다. 실패의 경험은 지치지 않고 더 연습할 수 있는 동기를 부여한다. 실패의 뼈저린 아픔을 알기에 또다시 실패하지 않기 위해 더 노력하게 된다.

자신감을 심어주는 자세

하버드 경영대학원 교수인 심리학자 에이미 커디는 자세가 자신감에 영향을 미친다고 이야기한다. 실제로 이른바 '파워 포즈'를 2분만 취해도 스트레스 호르몬인 코르티솔을 낮춰줘 스트레스 대처에 효과적이고 한층 자신감을 느낄 수 있다고 한다. 발표 당일에 자신

자신감을 향상시킬 수 있는 자세

에이미 커디 박사는 테드TED 연설에서 과학적으로 입증된 간단한 자세 다섯 가지를 소개했다.

1. 어깨를 펴라

구부정한 어깨는 제일 치명적인 연약한 포즈다. 샌프란시스코 대학의 연구에 따르면 구부정한 어깨 자세는 에너지가 떨어지고 우울증까지 올 수 있다. 어깨를 똑바로 펴는 순간 기분이 좋아지고 에너지가 상승한다.

2. 팔을 꼬아라

연구에 따르면 팔을 꼬는 행동이 끈기를 늘릴 수 있다고 한다. 로체스터 대학 연구진에 의하면 팔을 꼰 상태로 업무에 몰두하는 사람이 손을 무릎에 올려놓고 일하는 사람보다 높은 끈기를 보였다고 한다.

3. 제스처든 몸짓이든 아무튼 움직여라

제스처를 취해야 설명도 설득력이 생긴다. 제스처를 취할수록 지식 습득에도 도움이 된다. 초등학교 학생들을 대상으로 한 연구에 따르면 제스처를 취하라고 권장받은 학생들이 그렇지 않은 학생보다 뛰어난 학습 능력을 보였다.

4. 근육에 힘을 줘라

디저트를 거부하기가 어렵다면 손에 힘을 꽉 쥐어보자. 믿기 어렵겠지만 한 국제 연구팀에 따르면 근육을 움직이는 것이 효과가 있다고 한다. 연구진은 얼음이 든 냉수에 손을 넣고 참는 것, 또 식초가 든 음료를 마시게 하는 것 등 연구 대상자들에게 고난도의 실험을 했는데, 근육에 힘을 많이 주는 사람일수록 실험을 더 쉽게 통과했다고 한다.

5. 웃어라

연구에 따르면 웃음은 맥박수를 낮추고 기분이 좋아지는 엔도르핀을 뇌에서 더 많이 생산하게 한다. 연구 대상자들에게 젓가락을 입에 물고 가짜 웃음을 지으라고 한 것도 효과가 있었다고 한다.

감을 강화하려면 파워 포즈를 취하고, 행동도 크게 하고, 어깨도 쫙 펴고, 목소리도 크게 하는 것이 좋다.

Check

- 자신감 있는 모습은 평가에 영향을 미친다.
- 발표자의 자신감이 믿음을 준다.

실패하는 발표와 성공하는 발표

실패하는 발표	성공하는 발표
중요한 것이 많아 다 설명한다.	핵심 중심으로 요약 설명한다.
연습은 시간 낭비다.	연습만이 살길이다.
발표만 잘하면 된다.	질의응답이 진짜 발표다.
받은 슬라이드로 발표하면 된다.	발표 시나리오 전략에 직접 관여한다.
열정적으로 빨리 발표하면 된다.	발표의 강약을 조절하고 침착하게 발표한다.
비판적인 사고가 중요하다.	긍정적인 사고로, 평가자를 자극하지 않는다.
약속된 시간을 넘긴다.	약속된 시간보다 1~2분 일찍 끝낸다.

초보자를
위한
이기는
제안서

PART
6

PL Project Leader 로서 제안서 작성을 지원하고 있었는데, 어느 날 사업 총괄 책임자인 PM을 맡아 진행하라는 통보를 받았다. 사업의 책임자를 찾지 못해서이기도 하지만, 이제 역량이 되었으니 제안서를 맡아 써보고 사업을 수주해 직접 프로젝트를 진행해보라는 것이다. 지원 일을 할 때는 쉽게만 보였던 제안서가 책임지고 시작하려니 무엇을 어디서부터 해야 할지 모르겠다.

프로젝트 리더 역할을 해왔던 담당자라면 앞으로 이런 주문을 받게 될 확률이 높다. 엔지니어 생활을 오랫동안 했더라도 프로젝트 참여 기회가 많아서 언제 이런 주문이 올지 모르니 준비하고 있어야 한다. 옆에서 지켜보던 제안 PM의 업무를 직접 맡아 하려니 처음에는 부담이 크다. 그래서 제안서 샘플을 요청하고 어떻게 하면 좋은지 물어보곤 한다.

제안요청서를 분석하고 전략을 수립하여 경쟁에서 이기기 위한 준비가 되었다면 이제 본격적으로 제안서를 쓸 차례다. 보통 제안서는 100~200쪽 분량으로 요구한다. 경우에 따라 300쪽이 넘기도 하고, 아예 자율에 맡기기도 한다. 제안 업무 중 가장 많은 시간이 소요되는 일이 제안서 작성이다. 중소기업에서는 사업 규모가 작으면 제안서를 혼자 작성하기도 한다. 제안서와 별첨 자료까지 혼자 준비하려면 가히 살인적인 업무량이다. 그래서 예전에 했던 제안서를 가져와 전략과 문구를 바꾸는 수준으로 제안서를 준비할 수밖에 없다. 하지만 규모가 큰 프로젝트라면 인력을 충분히 투입하여 제안 팀을 구성해 제안서를 준비한다.

01 목차는 제안서의 뼈대다

먼저 할 일은 제안서의 뼈대가 되는 목차를 구성하는 것이다. 큰 목차는 제안요청서에 나와 있다. 제안요청서를 보면 목차를 어떻게 구성해서 제출하라는 항목이 있다. 요청하는 목차를 기준으로 세부 목차를 추가하여 내용의 뼈대를 잡아간다.

세부 목차는 솔루션과 제안 내용을 따라 정리하면 된다. 꼭 제안요청서의 목차를 따르지 않더라도 입찰에 문제는 없다. 하지만 평가자는 목차를 중심으로 내용을 확인한다. 목차의 구분이 다를 경우에는 특별한 사유가 있어야 하고, 평가자가 쉽게 참조할 수 있도록 구성해야 한다. 물론 제안요청서의 목차를 준수하여 평가자가 평가하기 수월하게 하는 것이 가장 좋다.

목차에는 긍정적인 단어를 넣는다. 긍정적인 단어를 사용하면 자

작성 항목	작성 목차
Ⅰ. 제안 개요	
Ⅱ. 제안 업체 일반	1. 일반 현황 2. 재무 현황 3. 조직 및 인원 4. 사업 수행 실적
Ⅲ. 업무 수행 부문	1. 대상 업무의 이해 2. 추진 전략 3. 수행 내용 4. 수행 일정 5. 기타 지원 사항
Ⅳ. 수행 인력 부문	1. 수행 조직 2. 수행 책임자 3. 수행 인력
Ⅴ. 사업 관리 부문	1. ○○ 사업의 품질 관리 방안 2. 본 사업의 품질 관리 및 성과 달성 지원 방안 3. 기술 보유 현황 및 지원 도구 4. 사후 관리 및 지원 방안
Ⅵ. 기타	1. 제안요청서 수용 여부 비교표 2. 평가 항목별 자가 점검표 3. 기타 사항 4. 별첨

| 제안요청서의 목차 요구 사항 예시 |

사의 제품과 기술에 긍정적인 이미지를 심어줄 수 있다.

목차가 정리되면 제안 작업에 참여하는 팀원에게 역할을 분담한다. 목차가 완성되면 담당자를 우측에 표기하여 명확하게 구분한다.

목차는 제안요청서에 나와 있는 목차와 평가 항목을 참조하여 누락 없이 구성한다. 요청된 목차와 평가 항목을 중심으로 작성하고, 세부 목차는 제안요청서 내용을 다시 분류하여 세부 항목에 넣으면 된다. 즉, 요청된 목차, 평가 항목, 요구 사항을 정리하여 세부 목차까지 작성하여 완성한다. 기본적인 목차는 경쟁사와 비슷하지만 세부 목차는 경쟁사와 차이가 난다. 이슈에 대한 구체적인 내용과 명확한 과업 범위를 목차에 정리하면 1차 목차가 완성된다. 제안서를 작성하면서 구체적인 내용을 확인하여 목차를 수정 보완한다.

목차는 빨리 완성할수록 좋다. 완성된 목차가 나와야 제안팀 팀원에게 제안서 작성 영역을 정의하고 분배할 수 있다. 그리고 협력사와 함께한다면 역할을 명확히 정의하고, 누가 쓸 것인지도 정해야한다. 목차에는 있는데 작성 담당자를 빠뜨리면 제안서 작성 완료이후 빈 페이지를 누가 쓸 것인지 다시 논의해야 한다. 그러니 세부목차까지 누락 없이 역할을 분담해야 추후에 문제가 되지 않는다. 또 작성 완료일을 명시하여 언제까지 작성해야 하는지 명확하게 전달한다. 제안팀 인력이 많다면 일정을 반드시 준수하도록 목표를 명확히 한다.

02 효과적인 제안서 작성

제안서는 양이 많으므로 처음부터 계획을 치밀하게 수립해서 작성하는 것이 좋다. 그렇지 않으면 제안서 완성 시점에서 누락되거나 미처 생각하지 못했던 내용을 추가해야 할 수도 있다. 제안서는 보통 제출일을 코앞에 두고 완성하기 때문에 심각한 문제가 발견되어 수정이 필요하면 밤을 꼬박 새워야만 한다. 그러니 초반에 보다 치밀하게 정리하는 것이 중요하다.

템플릿 구성 방법

제안서의 기본 양식(템플릿)을 공유하여 그에 맞춰 작성하도록 한다. 자료를 받기 전에 디자인팀에 의뢰하여 기본 항목을 정리한 템플릿을 제작한다. 디자인팀에 제안요청서와 목차, 콘셉트 정리, 이미지에 대한 지시 사항을 전달하고, 완성된 템플릿을 팀원에게 공유한다. 그리고 역할을 정리한다.

제안팀 인력 자원을 활용하고 작성 범위를 잘 분배하라

제안 부서가 있다면 영업대표와 제안 부서가 함께 제안팀을 구성해 진행한다. 제안 부서가 바쁠 때는 별도 조직으로 팀을 이루고 진행한다. 제안팀을 별도로 구성하는 것은 영업대표의 몫이다. 인력은 제안 PM, 제안 기술, 제안 전략, 제안 지원으로 구분되며, 영업대표와 디자인팀이 별도 조직으로 지원팀을 구성한다. 기술 부분은 성격이 다양하여 제품별로 협력사가 존재하므로 사업 성격에 따라 적합한 협력사를 선택하여 제안에 참여시킨다.

제안팀의 역할 분담을 명확하게 하는 것도 매우 중요하다. 서로 의견이 충돌하거나 일을 떠넘기면 능률이 오르지 않는다. 그러다 결국 제안서에 누락 사항이 발생하면 또 밤을 새워 내용을 채워 넣어야만 한다.

참고할 수 있게 조견표를 구성하라

200쪽 분량의 제안서를 단기간에 파악하고 확인할 수 있도록 목차 외에 평가 항목을 기준으로 한 조견표를 작성해야 한다. 조견표는 평가를 수월하게 하기 위한 별도의 평가용 목차와 같다. 다양한 평가 항목이 제안서 몇 쪽에 있는지 알려주어 평가자의 편의를 돕는다.

제안서를 리뷰하라

제안서 작성이 끝났다면 일차 리뷰를 진행한다. 제안 참여 인력이 모두 모여 함께 제안서를 보면서 의견을 나누고 오타를 점검하는 시간이다. 효과적으로 진행하려면 한 명이 내용을 읽어주고 담당자가 부연 설명하는 방식으로 하면 된다. 리뷰는 제안서 제출 3일 전부터 진행하여 제출 전날까지 교정 작업을 한다. 오타를 점검하고, 전략과 내용이 일치하는지 확인한다.

2016년부터는 제안서를 온라인으로 제출하므로 제출 마감일 전날 PDF 파일로 변환하여 온라인에 업로드하고 마무리한다. 시간을 놓쳐 제출을 못 하면 뼈아픈 후회를 하게 된다. 그러니 시간을 다투지 말고 제출 마감일 전날 업로드하는 습관을 들여야 한다. 혹여 누락되거나 잘못된 항목이 있으면 제안서를 수정해야 하기 때문에 제안서 작업 종료는 제출일 전날로 잡아야 한다.

03 제안요청서를 기준으로 정리하라

제안은 대상이 필요하다. 무엇이 필요한지, 무엇을 요구하는지, 고객을 통해 원하는 것을 찾아 나간다. 가장 기본이 되는 것은 제안요청서다. 제안요청서는 사업 수행의 기준이 된다. 프로젝트의 범위는 제안요청서에 있는 과업 범위를 기준으로 한다. 과업 범위를 충족하고 없는 것은 협의를 통해 진행한다.

제안요청서를 분석하라

발주 담당자는 제안요청서 작성 기준을 토대로 제안요청서를 작성한다. 기준에서 크게 어긋나면 나라장터 조달 담당자가 규칙을 준수하도록 제재한다. 제안요청서 작성 기준은 나라장터에 안내되어 있다. 여기서는 항목별로 주요 내용을 기술하고 어디에 중점을 두고 제안서를 정리해야 하는지 간단히 설명해보겠다.

사업 개요: 사업 내용을 요약한 것으로, 사업의 성격을 명확하게 정리한다.

회사 소개: 회사 소개는 제안요청서를 기준으로 하되 평가 항목에 준하는 부분을 강조한다. 회사 소개에는 역량, 실적, 인적 자원 구성, 조직 구성, 회사의 업력, 유사 사업 실적, 신용등급 등이 포함된다. 신용등급은 등급별로 점수가 배정된다. 차등 적용 대상이므로 등급이 좋으면 적극적으로 강조하는 것이 좋다.

과업 범위: 제안 요청 사항으로 표기되며, 항목별 요구 사항이 기재되어 있다. 모든 항목의 단어와 의미를 확인하고 그에 준하는 방안을 기술해야 한다. 방안이 모호하면 해당 항목의 문구를 가져와 '수용'이라고 표기하면 된다. 사업 범위는 업종별, 사업별로 다양하므로 그에 준하는 내용을 기술한다.

제안 일정: 사업 항목별로 단계별 제안을 해야 하며, 타당성 있는

일정을 제출한다. 그리고 마일스톤을 정의하여 사업 중간 목표 일정을 세분화한다. 구체적인 일정 시나리오를 제시하는 편이 보다 바람직하다.

제안 전략: 성공적인 사업 수행을 위한 전략으로서 사업을 수행하는 전략과 경쟁에서 이기는 전략을 혼합하여 기술한다. 수행 전략은 고객의 요구 사항을 충실히 반영하는 것으로 최적의 솔루션을 제공한다. 자사와 고객 요구 사항의 교집합을 확인하고 그에 따른 수행 방안을 제안한다. 만약 협력사의 도움이 필요하다면 컨소시엄을 이루어 진행한다. 고객의 요구 사항을 반영한 이후 경쟁에서 이기기 위한 솔루션을 선택해 제안해야 하는데, 다양한 솔루션 가운데 경쟁 업체에서 하지 못하는 부분을 선택하면 된다. 경쟁 업체의 약점을 강화하고, 강점을 약화하는 전략이다.

위험 관리: 사업 수행 중 예상치 못한 문제가 발생했을 때의 대응 방안과 이미 감지된 위험 요소를 어떻게 예방할 것인지 기술한다. 예방을 잘하면 100만 원의 비용이 드는 리스크를 10원에 막을 수 있다. 그러므로 위험 관리가 중요하다. 위험 관리의 궁극적 목적은 예방이라 할 수 있다.

사업 지원: 예상되는 리스크가 발생했을 때의 지원을 말한다. 여기에는 교육과 테스트 등이 있다. 구축 이후 안정성을 확보하기 위해 테스트와 그에 따른 보완 작업을 하고, 발주 기관에서 잘 운영할 수 있도록 신규 구축된 환경과 기술 사항을 교육한다.

품질 관리: 품질 관리의 기준은 사용자에게 적합한지이다. 흔히들 많은 것을 해주는 것을 품질 관리라고 잘못 이해한다. 수성페인트를 칠해도 되는 곳에 황금을 칠한다면 어떻게 되겠는가? 분명 고객은 매우 즐거워할 것이다. 그러나 프로젝트에는 비용이 있다. 제안된 비용에 따라 진행한다. 사용자가 원하는 것이 수성페인트라면 수성페인트로 칠한다. 그런데 만약 내부가 아닌 외부에 페인트를 칠해야 한다면 어떨까? 외부 벽은 비를 막아주는 곳이다. 수성페인트로 칠하면 페인트가 벗겨질 수 있다. 수성페인트보다 유성페인트가 적합하다. 그러면 추가 제안으로 유성페인트를 제안하면 문제가 해결된다. 타당한 설득으로 추가 제안에 힘이 생기고, 평가자도 충분히 수긍하는 명확한 분석으로 좋은 점수를 받을 수 있다. 기술적으로 예상하지 못한 일은 흔하게 일어난다. 그렇다고 유성페인트로 칠하면 될 일을 황금으로 칠할 필요는 없다. 황금으로 도배하는 것은 예산 낭비다. 더군다나 공공기관의 사업이라면 평가자가 예산 낭비를 지적해 역효과만 불러온다. 무조건 많이 해주겠다는 것도 문제가 된다. 고객이 원하는 것을 충족하고, 과업 범위와 예산, 기간에 준하는 제안을 하는 것이 성공하는 제안 전략이다.

제안서도 무엇을 대상으로 쓸 것인지 기준이 있어야 한다. 제안서이기 때문에 당연히 제안요청서를 분석하고 써야 한다. 누가 뭐래도 가장 중요한 것은 제안요청서를 분석하는 것이다.

그 외 별첨 내용은 증명을 위한 서류들을 말한다. 회사 연혁이나 재무제표, 실적을 증명할 수 있는 서류와 솔루션의 기술 증명 서류, 인력의 경력확인서 등이다. 이런 증명을 위한 자료는 요구 사항에 양식이 포함되어 있다. 별첨된 서식에 준해 작성하면 된다. 별첨 서식에는 인력 경력 기준이나 유사 실적의 기준에 준하는 것만 적도록 한다. 꼼꼼하게 확인하고 요구 사항에 맞게 준비하여 제출한다.

피해야 하는 제안서

- 고객의 문제와 요구 사항이 없는 일반적인 제안서
- 정보 제공 중심의 설득력 없는 제안서
- 자사의 특장점 없이 회사 소개만 나열한 제안서
- 가치 제안에 무게를 두지 않고 솔루션 소개에 치중한 제안서
- 소개하는 내용이 요약 정리되지 않고 나열된 제안서
- 전문용어로 기술력을 강조한 제안서
- 오탈자가 있고 고객명을 잘못 표기한 제안서

실패하는 제안서와 성공하는 제안서

실패하는 제안서	성공하는 제안서
제품 소개와 기능 설명이 많다.	제품 소개와 기능 설명은 요약 정리하고 별도로 첨부한다.
제안요청서의 목차는 참고만 한다. 요약서는 제안서의 핵심만 정리한다.	제안요청서의 목차를 따른다. 요약서는 평가 항목에 맞춰 정확히 정리한다.

이기는 사람들의 제안

초판 1쇄 인쇄 ｜ 2018년 6월 15일
초판 1쇄 발행 ｜ 2018년 6월 22일

지은이 이동원
책임편집 조성우
편집 손성실
마케팅 이동준
디자인 권월화
용지 월드페이퍼
제작 성광인쇄㈜
펴낸곳 생각비행
등록일 2010년 3월 29일 ｜ 등록번호 제2010-000092호
주소 서울시 마포구 월드컵북로 132, 402호
전화 02) 3141-0485
팩스 02) 3141-0486
이메일 ideas0419@hanmail.net
블로그 www.ideas0419.com